TROFEOS

Cuaderno de práctica

Grado 3 ◆ Tomo uno

Orlando Boston Dallas Chicago San Diego

Visit *The Learning Site!*
www.harcourtschool.com

Printed in the United States of America

ISBN 0-15-323803-8

2 3 4 5 6 7 8 9 10 054 10 09 08 07 06 05 04 03 02

Contenido

ASÍ CAMBIAMOS

Nombre ______________________________

▶ **Llena los espacios en blanco usando las palabras del vocabulario.**

departamento	**obedece**	**órdenes**	**público**
expresiones	**accidentes**	**discursos**	

1. observadores
oyentes
espectadores

____

2. sentimiento
emoción
apariencia

____

3. sigue órdenes
recibe instrucciones
sirve

____

4. error
falla
mala suerte

____

5. instrucciones
solicitudes
peticiones fuertes

____

6. grupo
sección
compañía

____

7–8. Completa este consejo de seguridad con las palabras del vocabulario.

Una persona que ______________________ las reglas de tráfico tiene pocas probabilidades de tener un ______________________.

¡Inténtalo!

Haz un cartel con consejos de seguridad para tu salón de clases.

Nombre ______________________________

TAREA
El oficial Buckle y Gloria
Decodificar palabras largas
PREPARACIÓN PARA LA PRUEBA

▶ **Lee el párrafo y mira las palabras subrayadas. Escribe cada palabra en la columna apropiada. Luego divide cada palabra en sílabas. Se dan algunos ejemplos.**

Tengo un alce que habla que se llama Charlie. A veces Charlie es un poco travieso. El martes, Charlie quería ir a la escuela conmigo. Yo tenía que leer un informe sobre seguridad ese día en el auditorio de la escuela. Un oficial de la policía también iba a hablar. No era un buen día para llevar a Charlie a la escuela. Traté de explicárselo, pero Charlie no me escuchaba. Le pedí a mamá que le escribiera una carta a Charlie pidiéndole que se quedara en casa. Ella la escribió. Decía: "Querido Charlie, necesito que me ayudes a cargar los comestibles hoy. Te quiero, mamá." Pensé que eso daría resultado. Utilicé una tachuela para poner el mensaje en el tablero de mi cuarto para que Charlie pudiera leerlo. Él lo leyó. Luego se comió la carta. Así que Charlie fue a la escuela conmigo y me ayudó a leer el informe. Le encantó a todos. Obtuve una A. Creo que todo salió mejor de lo que esperaba.

Patrones VCCV	**Patrones CVVC**	**Palabras con prefijos y sufijos**
palabra pa-la-bra	empieza em-pie-za	imposible im-posible
1. ______ ______	**4.** ______ ______	**7.** ______ ______
2. ______ ______	**5.** ______ ______	**8.** ______ ______
3. ______ ______	**6.** ______ ______	**9.** ______ ______

Nombre ____________________

▶ **Escribe de nuevo cada grupo de palabras en el orden correcto para formar una oración que tenga sentido. Empieza y termina cada oración correctamente.**

1. oficial Bucle la bienvenida le dimos al.

   ____

2. ¿por qué un trajo perro¿ ____________________
3. un siempre casco usa ____________________
4. ¿cinturón el abrochaste te? ____________________
5. una carta estudiantes los escribieron

   ____

▶ **Si las palabras forman una oración, escribe *oración*. Si no, piensa en las palabras que se necesitan para completar la oración. Luego escribe una nueva oración.**

6. El oficial Buckle ____________________
7. Algo a los niños sobre seguridad

   ____

8. El policía la forma segura de cruzar la calle

   ____

9. ¿Voltearon los niños a los dos lados cuando cruzaron la calle?

   ____

10. Los estudiantes le dieron las gracias al oficial Buckle.

    ____

¡Inténtalo! Escribe dos consejos de seguridad para tu salón de clases. Asegúrate de que cada consejo forme una oración.

Nombre ____________________

▶ **Dobla el papel a lo largo de la línea de puntos. Mientras escuchas las palabras de ortografía, escríbelas en el espacio en blanco. Luego desdobla el papel y revisa tus palabras. Practica escribiendo de nuevo las palabras que fallaste.**

1. ____________________
2. ____________________
3. ____________________
4. ____________________
5. ____________________
6. ____________________
7. ____________________
8. ____________________
9. ____________________
10. ____________________
11. ____________________
12. ____________________
13. ____________________
14. ____________________
15. ____________________

PALABRAS DE ORTOGRAFÍA

1. plaza
2. premio
3. protesta
4. aprender
5. presentó
6. prestado
7. aplicado
8. aplauso
9. placer
10. plomo
11. plátano
12. triple
13. sorprendido
14. expresión
15. protector

Nombre ______________________________

▶ **Completa el siguiente cuento usando las palabras del vocabulario del recuadro.**

queja explotó lenguas murmuró disparado terca deslizó

1. Jack estaba triste porque no podía quedarse quieto. Él se ____________ de un salón a otro buscando su libro de inglés.
2. "Quien haya escondido ese libro lo escondió muy bien", ____________ Jack para sí mismo.
3. La hermana de Jack oyó un sonido bajo, como un lamento. Cuando vio la cara de Jack supo que la ____________ venía de él.
4. Gloria también supo que Jack no dejaría de buscar. Era la persona más ____________ de la familia.
5. Jack no quería aprender otras ____________.
6. Jack buscó arriba, abajo, adentro y afuera hasta que perdió la paciencia y ____________.
7. Jack estaba gritando tan fuerte que hizo que su gato, Romeo, saliera ____________ como un cohete por las escaleras. Gloria por poco se cae sobre el pobre Romeo cuando salía del cuarto de Jack e iba a bajar las escaleras. Ella se estaba riendo. —Look in your desk, Jack! — dijo Gloria. Antes de que Jack pudiera hacerle ninguna pregunta, Gloria agarró su diccionario de inglés y salió de la casa.
8. ¿Dónde estaba el libro de inglés de Jack? ____________
9. ¿Por qué crees que Gloria le habló en inglés a Jack?

____

¡Inténtalo!

Haz una lista de todas las lenguas extranjeras que puedas identificar.

Nombre ______________________________

▶ **Lee la siguiente selección. Luego contesta las preguntas.**

Matt y Curtis estaban frente a la casa de Matt. Habían decidido ir en bicicleta a la casa de Curtis. Mientras tomaban sus cascos, Matt notó que algo en su casco estaba mal. –¡Ay, no! –dijo –Las correas están rotas. No podré ir.

Curtis dijo: –Mi casa está a solo dos cuadras de aquí. No necesitas el casco. –Matt pensó en lo que debía hacer.

1. ¿Quiénes son los personajes del cuento?

____

2. ¿Cuál es el escenario del cuento?

____

3. ¿Cuál es el problema de Matt?

____

____

4. ¿Por qué cree Curtis que Matt no necesita el casco?

____

____

5. ¿Por qué crees que Matt debe pensar muy bien lo que va hacer?

____

6. ¿Cómo crees que resolverá Matt el problema?

____

Nombre ____________________

▶ **Lee la selección de un diario que aparece a continuación. Luego encierra en un círculo la respuesta correcta.**

Querido diario:

Hoy mi gatito, Juguetón, saltó de mis brazos y persiguió a un ratón hasta la calle. Mi primo John estaba paseando en su bicicleta por la calle. Iba derecho hacia Juguetón. —¡Detente, John! —le grité. John no se detuvo, porque no sabe español. Entonces le grité: —John, stop!— Justo a tiempo, John viró su bicicleta hacia la derecha. —Rosa, al principio no sabía que me estabas hablando a mí —me dijo John en inglés. Soy afortunada porque puedo hablar inglés y español.

Rosa

1 ¿Dónde ocurre la historia?

- **A** En la tienda
- **B** En un jardín
- **C** En el bosque
- **D** En la calle

Sugerencia
¿Qué palabras te ayudan a saber dónde ocurre la historia?

2 ¿Quién es el personaje principal en la historia?

- **F** Rosa
- **G** Juguetón
- **H** John
- **J** El ratón

Sugerencia
Recuerda que el personaje principal es quien generalmente tiene que resolver un problema.

3 ¿Por qué John no se detiene después de que Rosa le grita?

- **A** Él habla español, pero Juguetón sólo habla inglés.
- **B** Rosa le habla a John en español y John sólo entiende inglés.
- **C** Ella habla inglés y John habla español.
- **D** Juguetón habla inglés y John habla inglés.

Sugerencia
Piensa en lo que sucede en la historia. ¿Cómo se usan las palabras en inglés para resolver el problema de Rosa?

Nombre ______________________________

▶ **Ve las páginas del diccionario. Luego contesta las preguntas de abajo.**

saber • serpiente

saber *verbo*—Conocer algo.

salmón *sustantivo*—Pez de hasta metro y medio de longitud, de cuerpo rollizo, cabeza en punta y una aleta junto a la cola. plural—salmones

salamandra *sustantivo*—Anfibio de unos 20 centímetros de largo, la mitad aproximadamente para la cola, y piel lisa, de color negro, con manchas amarillas. plural—salamandras

sencillo *adjetivo*—Que no tiene adornos. plural—sencillos

serpiente *sustantivo*—Reptil de gran tamaño. plural—serpientes

530

signo • sur

signo *sustantivo*—Señal de algo. plural—signos

sima *sustantivo*—Cavidad profunda en la tierra. plural—simas

suave *adjetivo*—Liso y blando al tacto. plural—suaves

submarino *sustantivo*—Un barco que viaja por debajo del agua. plural—submarinos

sur *sustantivo*—Una de las direcciones en una brújula o un mapa. abreviatura—S

531

1. ¿Cuál de estas palabras se puede describir como *suave*: piel, pared, lápiz?

____

2. ¿Qué palabra se puede abreviar con una S? ______________________________

3. ¿Cuáles son las dos cosas en la página 530 que podrían dar miedo si se llevan a la escuela? ______________________________

4. ¿Entre qué dos palabras iría la palabra *silbato*? ______________________________

5. ¿Cuál es el plural de la palabra *serpiente*? ______________________________

6. ¿Cuál de las palabras es un verbo? ______________________________

7. ¿Qué dos cosas de estas páginas podrían encontrarse debajo del agua?

____

Nombre ______________________________

▶ **Después de cada oración, escribe *declarativa* o *interrogativa* para decir qué clase de oración es.**

1. ¿Cómo se llama tu perro?

2. Le estoy enseñando a mi viejo perro nuevos trucos.

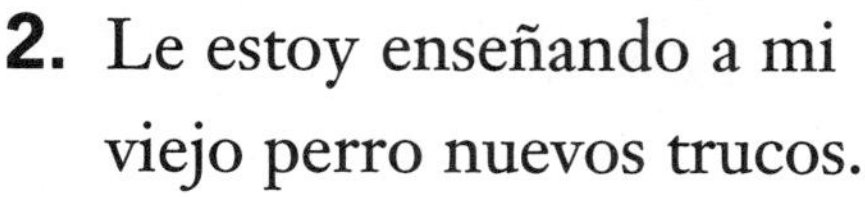

3. Me cae bien el nuevo estudiante.

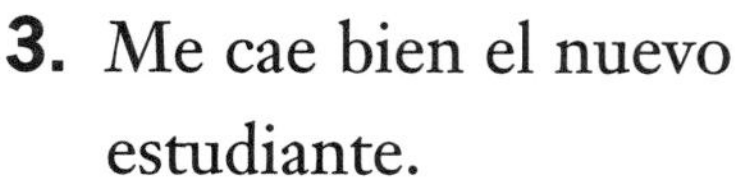

4. ¿Puedes cantar canciones en inglés? ____________________

5. Hablo dos lenguas. ____________________

▶ **Ponle los signos de puntuación apropiados a cada oración.**

6. Dara habla inglés y español __

7. ¿Le enseña ella español a su hermano __

8. ¿Está él estudiando español en la escuela __

9. Por la noche, él sueña en inglés __

10. ¿Te gusta cantar en inglés __

¡Inténtalo!

Lee las oraciones del 6–10 en voz alta. Cambia las declaraciones a preguntas y las preguntas a declaraciones.

Nombre ________________________________

▶ **Dobla el papel a lo largo de la línea de puntos. Mientras escuchas las palabras de ortografía, escríbelas en el espacio en blanco. Luego desdobla el papel y revisa tus palabras. Practica escribiendo de nuevo las palabras que fallaste.**

1. ______________________
2. ______________________
3. ______________________
4. ______________________
5. ______________________
6. ______________________
7. ______________________
8. ______________________
9. ______________________
10. ______________________
11. ______________________
12. ______________________
13. ______________________
14. ______________________
15. ______________________

PALABRAS DE ORTOGRAFÍA

1. blanca
2. brinco
3. breve
4. bravo
5. brazo
6. abrigo
7. brisa
8. hablo
9. tabla
10. abrazó
11. cabra
12. hombre
13. doblado
14. público
15. abría

Nombre ______________________________

▶ **Usa las palabras de vocabulario para llenar los blancos.**

caso	**específico**	**asistente**	**definitivamente**
detective	**devoluciones**	**diminuta**	

1. Duncan contrató un ______________ para resolver el misterio del libro de bromas perdido.
2. No hay duda de que el libro se ha perdido. ______________ desapareció.
3. Cuando Nate toma un ______________, empieza a estudiarlo.
4. Un experto como Nate puede tener un ayudante llamado ______________.
5. Duncan no quiere cualquier libro de bromas. Tiene en mente un libro de bromas ______________.
6. Nate encontró una bandeja ______________ en el congelador.
7. Nate preguntó en la librería por la sección de ______________.

▶ **Completa el cuento usando las palabras del vocabulario.**

P.J. Parker fue el más grande **(8)** ______________ del tercer grado. Podía resolver cualquier **(9)** ______________. Él usó una lupa **(10)** ______________ para resolver el "misterio del borrador del pizarrón perdido." **(11)** ______________ era el misterio más difícil en el que había trabajado. Siguió un rastro de polvo de tiza en el piso hasta el escritorio de Slim Taimado. P.J. encontró el borrador en el escritorio y lo llevó a la sección de **(12)** ______________ de su escuela.

Nombre ______________________________

TAREA
Nate, el gran detective de San Francisco
Decodificar palabras largas
PREPARACIÓN PARA LA PRUEBA

▶ **Lee el siguiente artículo del periódico. Luego sigue las instrucciones de abajo.**

Calvin Cooper resuelve el caso del libro de la biblioteca perdido

San Francisco, 24 de enero.—Calvin Cooper resolvió aún otro misterio hoy. C.C., como le llaman sus amigos, halló el libro de la biblioteca de Ashley Johnson. El libro se llamaba *Rafael y la perrera voladora*. Estuvo perdido por dos días. El miércoles pasado, C.C. encontró a Ashley sollozando en el vestíbulo. —Si no regreso el libro, ¡no podré sacar otro!, —dijo llorando. Buscaron por todos lados. Finalmente las pistas llevaron a C.C. a la biblioteca. Allí, detrás de una silla, estaba el libro. —¡Debe haberse caído de mi mochila!, —exclamó Ashley.

1 ¿Encierra en un círculo la respuesta que muestra cómo dividir correctamente la palabra *sollozando* en sílabas.

A sol–lo–zan–do **C** sollo–zan–do

B so–llo–zan–do **D** sollo–zando

Sugerencia
Recuerda el patrón CCV.

2 Encierra en un círculo la respuesta que muestra cómo dividir correctamente la palabra *sacar* en sílabas.

F sa–car **H** saca–r

G sac–ar **J** sac–a–r

Sugerencia
Recuerda el patron CVC

3 ¿Cuáles son las dos palabras más cortas que forman la palabra *dondequiera*?

A *don* y *dequiera* **C** *onde* y *era*

B *don* y *hiera* **D** *donde* y *quiera*

Sugerencia
La palabra *dondequiera* significa "en todas partes".

4 Si la palabra perro significa "animal mamífero doméstico", ¿qué significa perrera?

____

____

Sugerencia
Si el sufijo *-era* significa "lugar donde vive o donde está", ¿quién estará en una perrera?

Nombre ________________________________

▶ **Escribe la palabra que describe la forma literaria.**

obra de teatro	**artículo de periódico**	**poema**
cuento fantástico	**biografía**	

Mira que bonito
se ve el lucero
brillando, brillando,
allá en el cielo.

____

Sir Conan Doyle escribió cuentos de detectives. Su personaje más famoso es Sherlock Holmes. Doyle era doctor antes de ser escritor.

____

Robo de joyas resuelto

Londres, 3 de noviembre— La policía descubrió el lugar donde tres ladrones escondían las joyas que robaban. Una llamada anónima le dio la pista a la policía.

____

Escena 1

Mike *El Misterioso:* ¡Dime dónde has escondido el botín!

Roberta *La ladrona:* ¡Nunca! ¡Tendrás que atraparme primero! (Ella huye).

Mike *El Misterioso:* ¡Ah! Frustrado otra vez, ¿no, Fido?

Fido: ¡Guau!

____

Había una vez un detective temerario. Con la ayuda de su Sabueso, resolvió el misterio de la corona de la princesa desaparecida. Ella se puso tan feliz que le dio un castillo. Allí, él y Sabueso vivieron felices para siempre.

____

Nombre ______________________________

▶ **Lee las siguientes oraciones. Encierra en un círculo el sujeto de cada oración.**

1. Nate es un buen detective.
2. Sludge es un perro inteligente.
3. Los detectives resuelven misterios.
4. San Francisco es una ciudad grande.
5. Los policías ayudan a los detectives.
6. Olivia está buscando pistas.

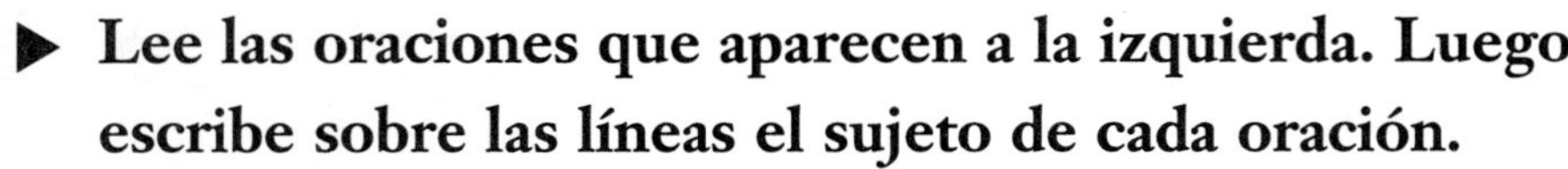

▶ **Lee las oraciones que aparecen a la izquierda. Luego escribe sobre las líneas el sujeto de cada oración.**

7. **Duncan perdió su libro de chistes.**

____

8. **Esa pista es importante.**

____

9. **Tu lupa es pequeña.**

____

10. El misterio está resuelto.

____

¡Inténtalo!

Escribe tres oraciones y subraya el sujeto de cada oración.

Nombre ______________________________

Nate, el gran detective de San Francisco

Ortografía: Verbos que terminan en *-ar, -er, -ir*

▶ **Dobla el papel a lo largo de la línea de puntos. Mientras escuchas las palabras de ortografía, escríbelas en el espacio en blanco. Luego desdobla el papel y revisa tus palabras. Practica escribiendo de nuevo las palabras que fallaste.**

1. ______________________________
2. ______________________________
3. ______________________________
4. ______________________________
5. ______________________________
6. ______________________________
7. ______________________________
8. ______________________________
9. ______________________________
10. ______________________________
11. ______________________________
12. ______________________________
13. ______________________________
14. ______________________________
15. ______________________________

PALABRAS DE ORTOGRAFÍA

1. imitar
2. escuchar
3. bajar
4. arar
5. entrar
6. hacer
7. comer
8. querer
9. torcer
10. elegir
11. sentir
12. decir
13. ubicar
14. reír
15. encontrar

Nombre ______________________________

▶ **Completa cada oración con una de las palabras del vocabulario.**

apuntó capitán vigilante fingió aplaudieron profesional familiar

1. Si practicas un juego muchas veces, éste se convierte en un juego ________________ para ti.

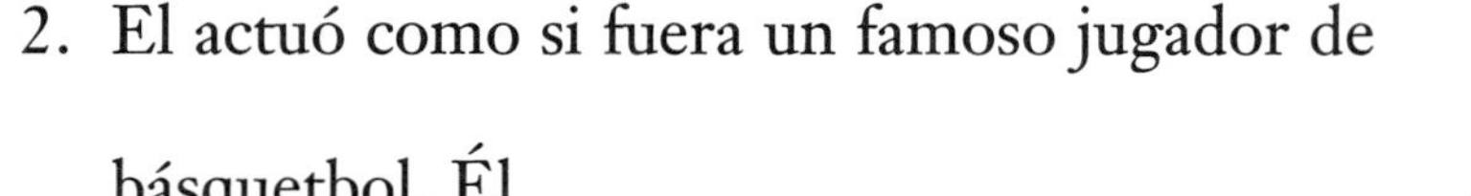

2. El actuó como si fuera un famoso jugador de básquetbol. Él ________________.

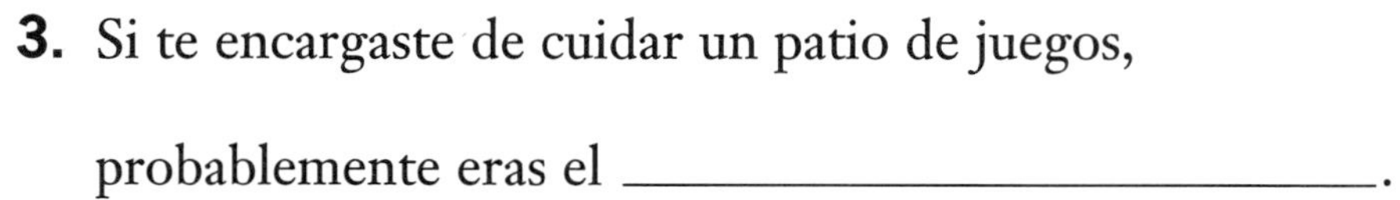

3. Si te encargaste de cuidar un patio de juegos, probablemente eras el ________________.

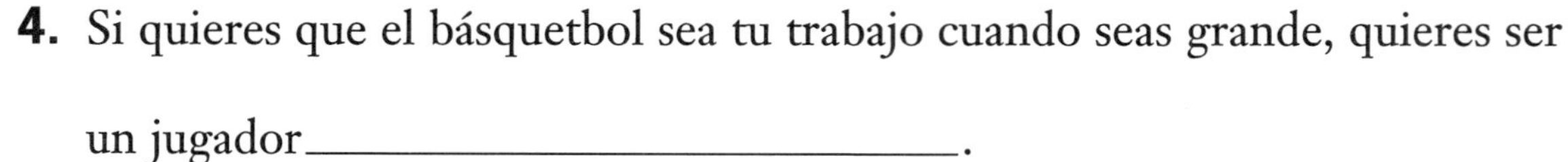

4. Si quieres que el básquetbol sea tu trabajo cuando seas grande, quieres ser un jugador________________.

5. El anotador electrónico mostró los puntos del juego. ________________ el resultado final.

6. Si estás al frente de tu equipo, eres el ________________ del equipo.

▶ **Usa una palabra del vocabulario para llenar cada espacio en blanco.**

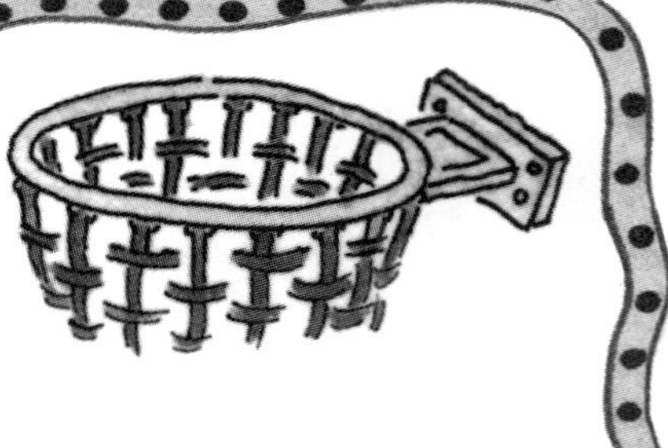

7. dirigió = ________________

8. dieron palmadas = ________________

¡Inténtalo! Escribe dos oraciones sobre tu atleta favorito. Usa tantas palabras del vocabulario como puedas.

Nombre ______________________________

TAREA
El sueño de básquetbol de Allie
Elementos narrativos
PREPARACIÓN PARA LA PRUEBA

▶ **Lee el siguiente párrafo. Luego contesta las preguntas que están abajo.**

Alonso era muy pequeño para su edad. Quería tocar la guitarra. Hasta su hermano mayor, Miguel, se burlaba de él. —Eres un bebé y tus manos son demasiado pequeñas —decía Miguel. —Mis manos no son demasiado pequeñas, voy a tocar la guitarra —replicaba Alonso. Todos los días al salir de la escuela, Alonso practicaba y practicaba. Al principio sus dedos apenas podían puntear una sola cuerda. Luego, un día Alonso tomó la guitarra y punteó un acorde. Muy pronto estaba ya tocando canciones. Miguel no lo podía creer.

—Discúlpame por lo que dije. Estaba equivocado, hermanito —le dijo Miguel a Alonso. Alonso se olvidó de las burlas y le dio a Miguel un fuerte abrazo.

1 ¿Qué cosa demuestra que Alonso es decidido?

A Practica la guitarra todos los días al salir de la escuela.

B Quiere tocar la guitarra.

C Miguel se burla de él.

D Es pequeño para su edad.

Sugerencia
Piensa en lo que Alonso decide hacer.

2 ¿Cómo puedes deducir que Miguel es poco amable?

F Miguel dijo: —Estaba equivocado.

G Miguel no podía creer que Alonso tocara tan bien la guitarra.

H Miguel le dijo a Alonso: —Eres muy pequeño para tu edad.

J Miguel se burlaba de Alonso.

Sugerencia
¿Qué hace Miguel que te hace pensar que es poco amable?

3 ¿Cómo sabes que Alonso además de tocar la bien la guitarra es también comprensivo?

A Miguel se burla de Alonso.

B A Alonso le gusta tocar la guitarra.

C Alonso le da un abrazo a Miguel.

D Miguel le pide disculpas a Alonso.

Sugerencia
¿Cuál fue su reacción?

Nombre ____________________

El sueño de básquetbol de Allie

Gramática: Las partes de las oraciones: El predicado

▶ **Dibuja una línea debajo del predicado de cada oración.**

1. Los amigos de Allie jugaron en el parque.
2. Tres niños brincaban la cuerda.
3. Julio tiene una patineta.
4. El parque es un lugar maravilloso.
5. Allie se siente feliz con su pelota de básquetbol.

▶ **Completa cada oración con un predicado.**

6. La pelota de básquetbol ____________________.
7. Los niños ____________________.
8. El padre de Allie ____________________.
9. Allie ____________________.
10. Mi equipo ____________________.

¡Inténtalo! Escribe tres oraciones y subraya el predicado de cada oración.

Nombre ______________________________

▶ **Dobla el papel a lo largo de la línea de puntos. Mientras escuchas las palabras de ortografía, escríbelas en el espacio en blanco. Luego desdobla el papel y revisa tus palabras. Practica escribiendo de nuevo las palabras que fallaste.**

1. ______________________
2. ______________________
3. ______________________
4. ______________________
5. ______________________
6. ______________________
7. ______________________
8. ______________________
9. ______________________
10. ______________________
11. ______________________
12. ______________________
13. ______________________
14. ______________________
15. ______________________

PALABRAS DE ORTOGRAFÍA

1. carnaval
2. personal
3. corral
4. formal
5. aquel
6. pastel
7. mantel
8. pincel
9. motel
10. pañal
11. difícil
12. marfil
13. carril
14. profesional
15. especial

Nombre ______________________________

▶ **Lee cada oración. Escribe la palabra del vocabulario que completa la oración.**

ceremonia	**antigua**	**compiten**	**anfitrión**
entrenadores	**estadio**	**medalla**	**récord**

1. Rodney y Carlos ______________________ en el concurso de silbidos de tercer grado.

2. Su clase va a ser el ______________________ del evento.

3. Él ayudó a poner un letrero sobre la puerta del salón que dice:

Bienvenidos al ______________________ de silbidos.

4. Se dará una ______________________ al silbido más fuerte.

5. El actual ______________________ de silbido más prolongado de la escuela lo registró Maxine Jackson.

6. La banda de la escuela toca en la ______________________ de apertura.

7. Siguiendo una ______________________ tradición, los atletas del silbido toman limonada antes de que empiece el concurso.

8. Los ______________________ prepararon bien al equipo.

¡Inténtalo!

Inventa un deporte olímpico poco común. Usa tres palabras del vocabulario para escribir una descripción del deporte.

Nombre ___________________________

▶ **Lee el párrafo. Luego encierra en un círculo la letra de la mejor respuesta a cada pregunta.**

La corredora estadounidense Marion Jones es una de las mejores corredoras del mundo. Su historia muestra cómo el trabajo duro y la decisión pueden hacer que un sueño se haga realidad. Marion quería competir en los Juegos Olímpicos desde que era niña. Se entrenaba todos los días para mejorar su velocidad y su fuerza. Marion Jones cumplió su sueño en el año 2000. Ganó tres medallas de oro y dos de bronce en los Juegos Olímpicos de Sydney, Australia.

1 El párrafo podría formar parte de

A una biografía

B un libro de cuentos infantiles

C un artículo de "cómo hacer algo"

D un boletín escolar

Sugerencia

El párrafo da información real sobre la vida de Marion Jones. ¿Qué respuesta es un texto que da información real?

2 Este párrafo es un texto de no ficción porque

F el autor admira a Marion Jones

G Marion Jones es famosa

H trata sobre una persona real y da información

J es interesante

Sugerencia

Recuerda que un texto de no ficción se basa en información real sobre personas, lugares o cosas.

3 ¿En dónde NO aparecería este párrafo?

A En un libro informativo sobre carreras de pista

B En un artículo de revista sobre los Juegos Olímpicos

C En una noticia sobre Marion Jones

D En un cuento de misterio

Sugerencia

¿Los cuentos de misterio nos hablan de cosas reales o imaginarias?

Nombre ___________________________________

▶ **Escribe el tipo de no ficción que mejor corresponde a cada descripción. Escoge de entre los tipos que aparecen a continuación.**

artículo de "cómo hacer algo"	**boletín**	**artículo de revista**
libro informativo	**biografía**	**noticia**

1. Un artículo sobre Marion Jones que es parte de una publicación que tiene otros artículos, fotografías y anuncios de publicidad.

____

2. Un artículo sobre cómo ser mejor corredor

____

3. Un libro de historia sobre las Olimpiadas

____

4. Una artículo que dice que Marion Jones acaba de ganar cinco medallas

____

5. Un artículo sobre deportes en tu escuela

____

6. Un libro que cuenta la historia de Marion Jones

____

▶ **Responde las preguntas de que siguen.**

7. Da dos razones por las que se le llama texto de no ficción a una biografía de Marion Jones.

____

8. ¿Por qué un texto sobre una niña que podía volar se llama ficción?

____

Nombre ______________________

▶ **Lee los párrafos y contesta las preguntas.**

Sueños olímpicos

La multitud aclamaba a Connie. Ella giraba sobre el hielo. Hasta ahora todo había sido perfecto. Ahora era hora de dar el salto final. Éste era su gran momento. Pensó en ganar la medalla de oro. Luego comenzó el salto final. Tenía que hacerlo bien.

1. ¿Qué está haciendo Connie? ______________________

____

2. ¿Qué claves en el pasaje te permiten saber esto? ______________________

____

3. ¿Está Connie haciendo un buen papel hasta ahora? ¿Cómo lo sabes?

____

¡La multitud se volvió loca! Connie vio el tablero y sonrió. Su entrenador corrió a darle un abrazo. —¡Buen trabajo, Connie! Ella escuchó gritar a su papá y a su mamá. Lo había logrado. El oro era suyo.

4. ¿Qué es lo que acaba de lograr Connie? ______________________

5. ¿Cómo sabes esto? ______________________

6. ¿Por qué sonríe? ______________________

7. Basándote en lo que has leído, escribe la oración final del pasaje.

____

Nombre ________________________________

▶ **Lee las oraciones. Encierra en un círculo todos los sustantivos que encuentres.**

1. Los deportes son divertidos.
2. El nadador y el corredor entrenaron sin descansar.
3. El atleta mexicano ganó la medalla.
4. Los guantes están en la banca.
5. El estadio estaba llenísimo.
6. La ciudad recibió muy bien a los jugadores.
7. La piscina se veía pequeña desde el trampolín.
8. Nuestro primo participó en el campeonato.
9. Un caballo corre más rápido que un perro.
10. Mi hermano metió el gol ganador.

¡Inténtalo! Escoge cuatro sustantivos de las oraciones de arriba y escribe un párrafo de tres líneas.

Nombre ______________________________

▶ **Dobla el papel a lo largo de la línea de puntos. Mientras escuchas las palabras de ortografía, escríbelas en el espacio en blanco. Luego desdobla el papel y revisa tus palabras. Practica escribiendo de nuevo las palabras que fallaste.**

1. ______________________
2. ______________________
3. ______________________
4. ______________________
5. ______________________
6. ______________________
7. ______________________
8. ______________________
9. ______________________
10. ______________________
11. ______________________
12. ______________________
13. ______________________
14. ______________________
15. ______________________

PALABRAS DE ORTOGRAFÍA

1. cafetería
2. biblioteca
3. cuaderno
4. educación
5. auditorio
6. matemáticas
7. ciencias
8. recreo
9. historia
10. útiles
11. alfabético
12. maestra
13. pizarrón
14. disciplina
15. escrito

Nombre ______________________________

▶ **Completa la historia con las palabras del vocabulario.**

bucear sabio mensaje pacientemente desperdicios impaciente

Una noche, tomé jugo de naranja en la playa. Después tiré el vaso de cartón en la arena. —No es bueno tirar **(1)** ____________________—dijo una voz cerca de mi pie. Miré hacia abajo y vi un caracol esperando **(2)** ____________________ a que yo le respondiera. —Lo siento —le dije, recogiendo el vaso—. A veces soy muy **(3)** ____________________ y hago las cosas sin pensar. No debo tirar mi basura en la playa. Voy a hacer lo correcto de ahora en adelante.

—Con sólo dar el buen ejemplo, se pasa el **(4)** ____________________ —dijo el caracol—. Toda la gente debería saber **(5)** ____________________ para que pudieran ver la limpieza del mar. Fue justo cuando mi hermano apareció. —¿Con quién hablas? —preguntó. —Con una tortuga **(6)** ____________________, —le dije—. Ahí abajo.

Pero cuando miramos, la tortuga se había ido. —Vamos —le dije a mi hermano—. Tengo que tirar esta basura en el lugar adecuado.

¡Inténtalo!

Imagina que un caracol te da las gracias por tirar una envoltura en el bote de basura. Escribe una conversación corta entre el caracol y tú utilizando al menos dos de las palabras del vocabulario.

Nombre ______________________________

▶ **Lee el siguiente párrafo. Después contesta las preguntas.**

El cuidado de tu tortuga

Las tortugas son maravillosas como mascotas. También son fáciles de cuidar. Las tortugas mascotas no necesitan bicicletas. No te pedirán que las lleves a restaurantes caros. Pero las tortugas sí necesitan un hogar.

Las tortugas mascotas viven en tanques de agua. Deberás encontrar un tanque que por lo menos tenga el tamaño de una caja de zapatos. Tendrás que poner un pequeño plato de agua limpia en el tanque para que la tortuga pueda nadar. El agua es solamente para la tortuga. ¡Tú no pongas ni un dedo del pie allí! Algunas veces, a las tortugas les gusta salirse del agua para tomar baños de sol. Esto significa que el tanque también necesita una roca donde la tortuga se pueda trepar. Pero no te preocupes. No necesitarás buscar trajes de baño pequeños, porque las tortugas no los necesitan.

1 *Las tortugas son maravillosas como mascotas.* ¿Por qué escribió el autor la primera oración?

A para persuadir
B para entretener
C para informar
D para expresarse

Sugerencia
¿Está tratando el autor de hacerte creer algo en esta oración?

2 ¿Qué oración creó el autor para entretenernos?

F Las tortugas mascotas viven en tanques de agua.
G Las tortugas mascotas no viven en tanques de agua.
H Algunas veces, a las tortugas les gusta salirse del agua para tomar baños de sol.
J Las mascotas tortugas no necesitan bicicletas.

Sugerencia
¿Está bromeando el autor? ¿Cuál opción de respuesta te hace sonreir o reir?

3 ¿Qué oración se escribió para informarnos?

A No necesitas buscar trajes de baño pequeños, porque las tortugas no los necesitan.
B No te pedirán que las lleves a restaurantes caros.
C Las tortugas mascotas viven en tanques de agua.
D Las tortugas mascotas no necesitan bicicletas.

Sugerencia
¿Cuál opción de respuesta no es solamente una broma divertida?

Nombre ____________________

▶ **Algunas tortugas viven en el mar. Algunas tortugas viven en la tierra. Algunas tortugas son mascotas y viven en las casas. Las palabras de abajo están relacionadas con los diferentes lugares donde viven las tortugas. Lee las palabras. Después escribe las palabras en el grupo que les corresponde.**

tanque	**playa**	**tierra**	**lámpara de calor**	**hierba**	**caja**
olas	**arena**	**plato de agua**	**estanque**	**océano**	

1. ____________________

2. ____________________

3. ____________________

4. ____________________

1. 

2. ____________________

3. ____________________

4. ____________________

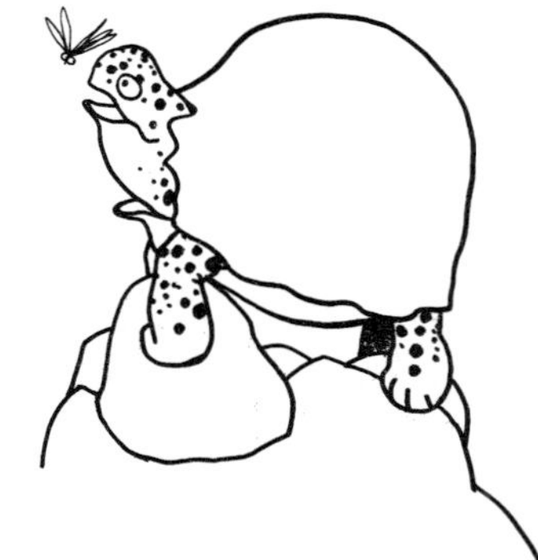

1. 

2. ____________________

3. ____________________

Nombre ______________________________

▶ **Lee las oraciones y subraya los sustantivos propios.**

1. La tortuga de Juan se llama Carolina.
2. En el mar Caribe no hay ballenas.
3. A la hermana de Taro le gusta nadar en el mar.
4. Las playas de California son muy bonitas.
5. Es posible ver tortugas y otros peces en el acuario de Baltimore.

▶ **Escribe correctamente los sustantivos propios que encuentres en las siguientes oraciones.**

6. jiro–san es un hombre inteligente.

____

7. A taro le gustan los animales.

____

8. taro y su hermana vivían en una bahía.

____

9. Un puente cruza la bahía de san francisco.

____

10. Hay ballenas que viven cerca del polo norte.

____

¡Inténtalo!

Haz una lista de los nombres de tus amigos. Luego revisa si los escribiste todos con letra mayúscula.

Nombre ____________________

▶ **Dobla el papel a lo largo de la línea de puntos. Mientras escuchas las palabras de ortografía, escríbelas en el espacio en blanco. Luego desdobla el papel y revisa tus palabras. Practica escribiendo de nuevo las palabras que fallaste.**

1. ____________________
2. ____________________
3. ____________________
4. ____________________
5. ____________________
6. ____________________
7. ____________________
8. ____________________
9. ____________________
10. ____________________
11. ____________________
12. ____________________
13. ____________________
14. ____________________
15. ____________________

PALABRAS DE ORTOGRAFÍA

1. mí
2. fe
3. vi
4. soy
5. doy
6. es
7. ve
8. da
9. he
10. fue
11. mar
12. hoy
13. la
14. más
15. por

Nombre ______________________________

▶ **Escribe la palabra del vocabulario que responde mejor cada una de las preguntas que hacen las personas.**

telégrafos **epidemia** **temperatura** **guiaba** **camino** **astillas**

1. La ______________ afuera está fría.

4. Estoy seguro que tu papá puede mantenerse en el ______________.

2. Tal vez debemos usar los ______________ para enviar los mensajes a tu papá.

5. Los perros lo ______________ a casa una vez.

3. Este año hay una ______________ de gripa.

6. Si, sólo espero que no tengan ______________ de madera en las patas.

▶ **Completa esta oración con dos palabras de vocabulario.**

En un cuento, un **(7)** ______________ de piedritas **(8)** ______________ a los niños a casa.

¡Inténtalo!

Piensa en una experiencia que hayas tenido fuera de casa. Escribe un párrafo sobre ella usando algunas de las palabras del vocabulario.

Nombre ______________________________

▶ **Lee la lista de "cosas que hay que hacer". Usa las palabras en negritas para llenar la tabla.**

Cosas que hay que hacer

1. **Comprar** unos guantes muy **cálidos** para el tiempo **frío.**
2. **Devolver** El monstruo de nieve por I. M. **Congelante** a la biblioteca.
3. **Sacar** un libro sobre patinadores famosos sobre hielo.
4. **Tratar de encontrar** la chaqueta en el **ático.**
5. **Adquirir** chocolate **caliente** en el supermercado.
6. **Buscar** las botas en el **sótano** de nuestra casa.

Sinónimos

Los sinónimos son palabras con igual significado.

1. ardiente

____

____

2. helado

____

____

3. examinar

____

____

4. pagar

____

____

Antónimos

Los antónimos son palabras que tienen significados opuestos.

5. sacar

____

6. caliente

____

7. congelante

____

8. ático

____

Nombre ______________________________

▶ **Lee el recorte de un artículo del periódico. Luego encierra en un círculo la letra de la mejor respuesta a cada pregunta.**

Descubren nueva medicina en afortunado accidente

Londres, 15 de octubre de 1928—Una nueva medicina fue descubierta por un doctor llamado Alejandro Fleming en Inglaterra. —Éste es un descubrimiento muy importante —dijo el Dr. Fleming—. Ahora podremos curar muchas enfermedades. Fleming descubrió cómo hacer esta medicina accidentalmente. Puso unos microbios llamados bacterias en un recipiente especial en su laboratorio. También puso moho cerca de los microbios. Luego el Dr. Fleming se fue de vacaciones y se le olvidó su experimento. Cuando regresó de sus vacaciones, ¡el Dr. Fleming descubrió algo muy sorprendente! Los microbios dejaron de crecer, pero el moho siguió creciendo. El moho había matado a los microbios. El Dr. Fleming decidió hacer una medicina con el moho. Le llamó a la nueva medicina penicilina.

1 ¿Cuál es un antónimo de *accidentalmente*?

A a propósito

B porque sí

C sin ninguna razón

D casualmente

Sugerencia
Recuerda que los antónimos tienen significados opuestos. Lee la oración y piensa en algo opuesto a hacer algo accidentalmente.

2 ¿Cuál es un sinónimo de *especial*?

F limpio

G bonito

H particular

J importante

Sugerencia
Recuerda que los sinónimos tienen significados parecidos. Lee la oración y piensa en algo que tenga un significado parecido a la palabra especial.

3 ¿Cuál es un antónimo de la palabra *olvidó*?

A fue

B recordó

C decidió

D yació

Sugerencia
Si se te olvidó hacer algo, no recordaste hacerlo. ¿Qué respuesta significa lo opuesto de olvidó?

Nombre ____________________

TAREA
Balto, el perro que salvó a Nome
Hacer predicciones

▶ **Después de leer la selección, llena la tabla. Haz una predicción de lo que pasará a continuación.**

Para: elizabeth@wahoo.com
De: john@wahoo.com
Asunto: ¿Volaré con tormenta?

Querida Elizabeth:
Se supone que tomaremos un vuelo a Canadá hoy para visitar a mis abuelos. Estoy muy emocionado. Jugamos jockey y patinamos sobre hielo cuando vamos allá. ¡Pero no sé si podremos salir! El pronóstico del tiempo dice que va a nevar. A veces los aviones no pueden volar cuando nieva. Creo que se necesita que nieve mucho para que cierren el aeropuerto, pero todavía no está nevando. Está nublado y nuestro vuelo sale a las 6:00 p.m. ¿Crees que una tormenta de nieve nos obligue a cambiar nuestros planes?
Tu amigo,
John

¿Qué es lo que sé?	Claves en la historia	Predicción

Nombre ______________________________

▶ **Encierra en un círculo los sustantivos de cada oración.**

1. Es divertido bajar la colina sobre un trineo.
2. Ayer fui a patinar en el hielo con mis amigos.
3. Los patines que me regaló mi primo son rojos.
4. Balto es un perro muy inteligente.
5. Las montañas de Vermont se cubren de nieve.

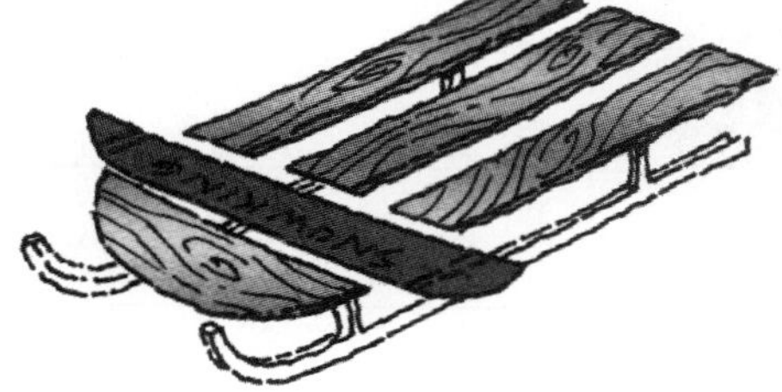

▶ **Escribe en la columna apropiada los sustantivos que encerraste en un círculo en las oraciones de arriba.**

Sustantivos singulares	Sustantivos plurales
____________	____________
____________	____________
____________	____________
____________	____________
____________	____________
____________	____________
____________	____________
____________	____________

¡Inténtalo! Escoge un sustantivo singular y un sustantivo plural de las listas y escribe una oración nueva.

Nombre ______________________________

▶ **Dobla el papel a lo largo de la línea de puntos. Mientras escuchas las palabras de ortografía, escríbelas en el espacio en blanco. Luego desdobla el papel y revisa tus palabras. Practica escribiendo de nuevo las palabras que fallaste.**

1. ______________________
2. ______________________
3. ______________________
4. ______________________
5. ______________________
6. ______________________
7. ______________________
8. ______________________
9. ______________________
10. ______________________
11. ______________________
12. ______________________
13. ______________________
14. ______________________
15. ______________________

PALABRAS DE ORTOGRAFÍA

1. huellas
2. hayas
3. ahí
4. habitan
5. hombre
6. horrible
7. herida
8. había
9. humedad
10. hielo
11. almohada
12. humor
13. hasta
14. ahora
15. anhelo

Nombre ______________________________

▶ **Utiliza las palabras del vocabulario para completar las oraciones.**

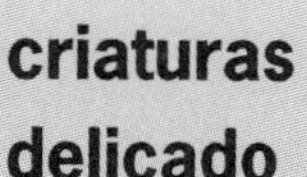

criaturas	curiosidad	marinas
delicado	resistente	sobrevivieron

1. Los pingüinos son ______________ que viven en lugares fríos.
2. Las ballenas son criaturas ______________.
3. El pingüino emperador parece ser el pingüino mas ______________.

4. Los elefantes marinos ______________ las batallas.
5. Ten cuidado cuando levantes ese ______________ jarrón.
6. Los gatos son animales que se caracterizan por su ______________.

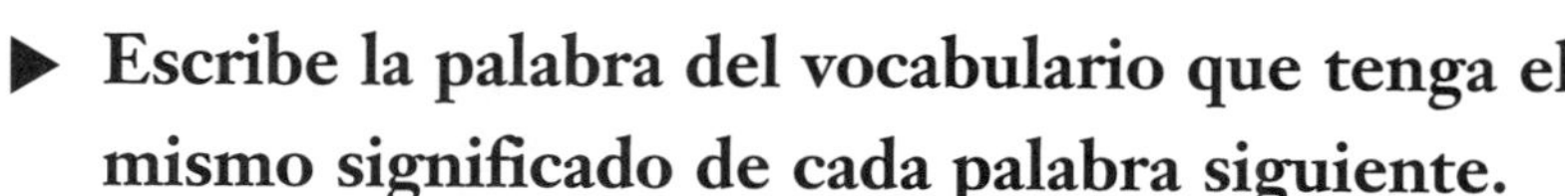

▶ **Escribe la palabra del vocabulario que tenga el mismo significado de cada palabra siguiente.**

7. frágil = ______________
8. animales = ______________

¡Inténtalo! Imagina que estás buceando. Escribe un relato acerca de lo que ves y haces. Utiliza por lo menos tres palabras de vocabulario.

Nombre ______________________________

▶ **Lee la selección. Luego encierra en un círculo la letra de la mejor respuesta para cada pregunta.**

Por qué los gatos son las mejores mascotas para fotografiar

Los gatos son las mejores mascotas para fotografiar. Los peces, hamsters y pájaros son muy divertidos, pero son muy aburridos para fotografiar. Tú puedes encontrar un gato en los lugares menos comunes e interesantes—en una silla del comedor, en una alfombra de la sala, en el refrigerador, quieto en una ventana o debajo de una cama. A los gatos les gusta sentarse bajo la luz del sol, donde se ven muy bonitos. Los gatos tuercen sus cuerpos en diferentes maneras. Sus colas hacen cosas muy chistosas cuando las menean para acá y para allá. Las fotografías de gatos te pueden hacer reir.

1 ¿Qué es lo que el autor quiere que creas?

Sugerencia
Eliminar respuestas que no estén apoyadas en la selección.

A Los perros son muy tontos.
B Los gatos son las mejores mascotas.
C Los gatos son las mejores mascotas para fotografiar.
D Los fotógrafos deberían tomar fotografías solamente de animales.

2 ¿Cuál de estas palabras se debería agregar al círculo vacío para dar otra razón de por qué los gatos se deben de fotografiar?

Sugerencia
¿Qué razón para fotografiar gatos ha quedado fuera?

F tuercen
G silla
H menean
J luz del sol

3 ¿Qué punto principal de la selección apoya la respuesta que elegiste en la pregunta 2?

Sugerencia
Busca en la selección la oración que exprese la idea.

A Los gatos doblan sus cuerpos de manera intersante.
B A los gatos les gusta sentarse en la luz del sol.
C Los gatos se sientan en lugares raros.
D Las colas de los gatos son muy chistosas.

Nombre ______________________________

▶ **Encierra en un círculo los sustantivos plurales en cada oración.**

1. El fotógrafo toma fotos de animales.
2. En el mar viven muchos peces extraños.
3. Las focas usan sus aletas para nadar.
4. Las iguanas y las tortugas se alimentan de hojas.
5. Muchas criaturas extrañas habitan en aquellas islas.

▶ **Escribe sobre las líneas el plural correcto de cada sustantivo singular.**

6. cangrejo ______________
7. isla ______________
8. rama ______________
9. cachorro ______________
10. criatura ______________
11. caracol ______________
12. halcón ______________
13. raíz ______________
14. lombriz ______________
15. tiburón ______________

¡Inténtalo!

Haz una lista de 10 sustantivos singulares que nombren cosas de tu casa. Luego escribe los plurales de cada una. Recuerda formar el plural con *–s* o *–es*.

Nombre ______________________________

▶ **Dobla el papel a lo largo de la línea de puntos. Mientras escuchas las palabras de ortografía, escríbelas en el espacio en blanco. Luego desdobla el papel y revisa tus palabras. Practica escribiendo de nuevo las palabras que fallaste.**

1. ______________________
2. ______________________
3. ______________________
4. ______________________
5. ______________________
6. ______________________
7. ______________________
8. ______________________
9. ______________________
10. ______________________
11. ______________________
12. ______________________
13. ______________________
14. ______________________
15. ______________________

PALABRAS DE ORTOGRAFÍA

1. tendrás
2. llenaré
3. estaré
4. enseñaré
5. así
6. jamón
7. dormirán
8. camión
9. después
10. llegará
11. enfermó
12. acción
13. cascarón
14. logré
15. detrás

Nombre ______________________________

▶ **Escoge la palabra del vocabulario que mejor conteste cada pregunta.**

tribu	**domesticado**	**lava**
cueva	**alergia**	**salvamos**

1. Si logramos librarnos del peligro, decimos ¡Nos

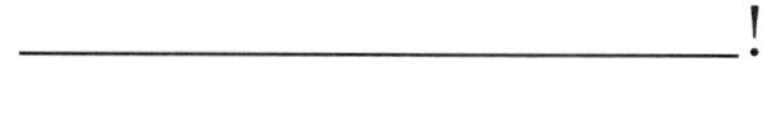
____________________!

2. Soy un espacio abierto que se encuentra en una

montaña o debajo de la tierra. ¿Qué soy? ____________________

3. Somos un grupo de personas que vivimos y trabajamos juntas.

¿Qué formamos? ____________________

4. Estoy acostumbrado a vivir con el hombre. Puedes decir que estoy

____________________.

5. Reacciono ante algunas sustancias. ¿Qué soy? ____________________

6. Soy peligrosa, caliente y voy bajando por la ladera de los volcanes.

¿Qué soy?____________________

¡Inténtalo!

Busca una foto de un volcán en un libro o en la Internet. Escribe dos oraciones acerca del volcán. Utiliza una palabra del vocabulario en cada oración.

Nombre ______________________________

TAREA
Peque Gruñón y el huevo gigante
Relación entre las palabras
PREPARACIÓN PARA LA PRUEBA

▶ **Lee el artículo del periódico de la escuela. Luego encierra en un círculo la letra de la respuesta apropiada para cada oración.**

Heraldo de Arizona

¡T. Rex vivito y coleando!

12 de agosto de 2003, Phoenix, Arizona.—Un Tiranosaurio Rex se encontró vivo en un desierto de Arizona ayer. El Tiranosaurio Rex es uno de los animales más grandes que existieron que vivían en tierra. El muchacho que descubrió al dinosaurio informó: "el T. Rex tenía mucha hambre."

1 ¿Qué oración usa la palabra subrayada de la misma manera que se usó en el artículo de periódico?

A El muchacho prefiere pasar sus vacaciones en tierra que en el mar.

B Espero que el dinosaurio no traiga mucha tierra en sus patas.

> **Sugerencia**
> ¿Qué respuesta significa "el suelo"?

2 ¿Qué oración usa el homófono subrayado de la misma manera que se usó en el artículo de periódico?

F Donde yo vivo no hay dinosaurios.

G El cazador trajo un dinosaurio vivo.

> **Sugerencia**
> ¿Qué respuesta significa "tener vida"?

3 ¿Qué oración usa el homófono de la misma manera que se usó en el artículo de periódico?

A Durante la tormenta la calle era un lugar desierto.

B Acampamos en el desierto por dos semanas.

> **Sugerencia**
> ¿Qué respuesta significa "un área de tierra caliente y arenosa"?

Nombre ______________________________

▶ **Subraya el pronombre personal singular en cada oración.**

1. ¿Tú viste un ganso en el granero?
2. Usted sabe que los ratones viven en cuevas.
3. Él tiene unos dientes fuertes y sanos.
4. Yo voy al campo a ver los animales.
5. Ella huye del volcán.

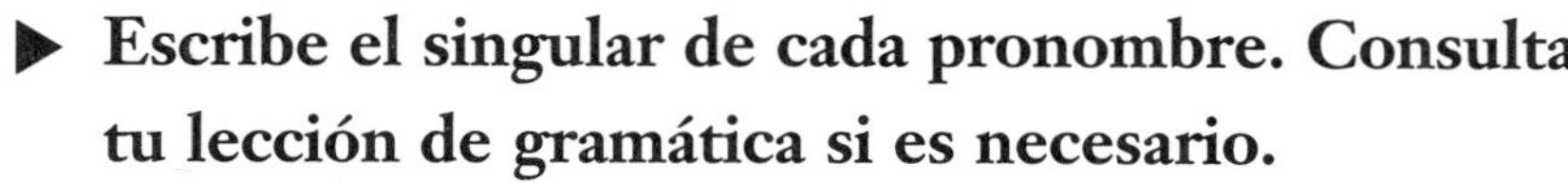

▶ **Escribe el singular de cada pronombre. Consulta tu lección de gramática si es necesario.**

6. nosotros ______________________
7. ellas ______________________
8. ustedes ______________________
9. ellos ______________________
10. ustedes ______________________

Nombre ______________________________

Peque Gruñón y el huevo gigante

Ortografía: Silabas *ba, be, bi, bo, bu* y *va, ve, vi, vo, vu*

▶ **Dobla el papel a lo largo de la línea de puntos. Mientras escuchas las palabras de ortografía, escríbelas en el espacio en blanco. Luego desdobla el papel y revisa tus palabras. Practica escribiendo de nuevo las palabras que fallaste.**

1. ______________________________

2. ______________________________

3. ______________________________

4. ______________________________

5. ______________________________

6. ______________________________

7. ______________________________

8. ______________________________

9. ______________________________

10. ______________________________

11. ______________________________

12. ______________________________

13. ______________________________

14. ______________________________

15. ______________________________

PALABRAS DE ORTOGRAFÍA

1. vencer
2. valor
3. velitas
4. atrevido
5. tuviera
6. bicicleta
7. vibra
8. silvestre
9. invento
10. huevo
11. volcán
12. tribu
13. bueno
14. arbusto
15. bebé

Nombre ______________________________

▶ **Escribe la palabra del cuadro que mejor complete cada oración.**

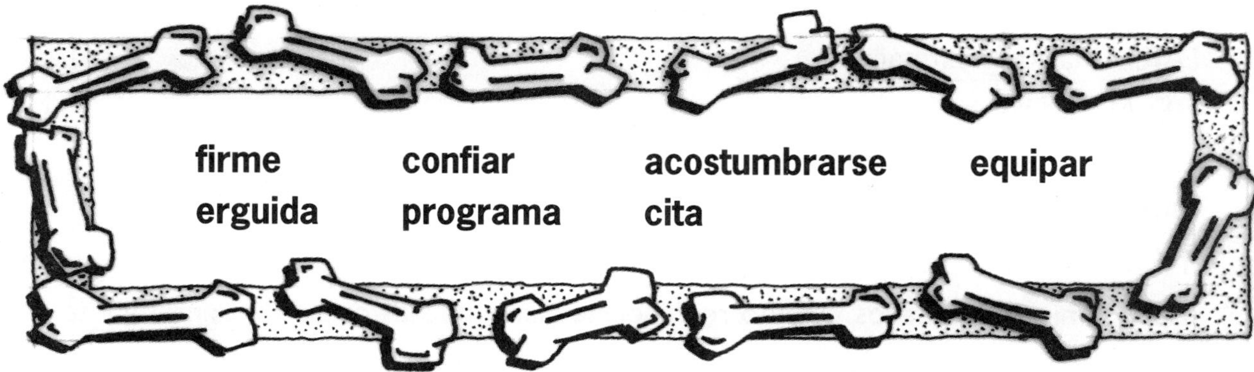

Nuestra maestra quería **(1)** ____________________ a tener perros visitantes en la escuela. Después de **(2)** ____________________ el salón con todo lo necesario, hizo una **(3)** ____________________ para que los trajeran. Hoy vinieron a la escuela. La primera perra en **(4)** ____________________ en mí fue Rosie. Se acercó tan **(5)** ____________________ que parecía un árbol. Ella era dulce. El entrenador dijo que era muy importante ser **(6)** ____________________ para que Rosie pudiera entender mis órdenes. Nos divertimos mucho juntos. Recomiendo que en todas las escuelas se desarrolle un **(7)** ____________________ de perros visitantes.

▶ **Completa cada oración con una de las palabras del vocabulario.**

6. Si te pones de acuerdo en encontrarte con alguien a cierta hora, estás haciendo una ____________________.

7. Siempre puedo ____________________ en mi perrito Oscar.

¡Inténtalo!

Escribe tres oraciones acerca de alguien que podría ser ayudado por un perro visitante. Utiliza por lo menos una de las palabras de vocabulario.

Nombre ______________________________

TAREA
Rosie, la historia de una perra visitadora
Decodificar palabras largas
PREPARACIÓN PARA LA PRUEBA

▶ **Lee la carta del correo electrónico. Después encierra en un círculo la respuesta correcta.**

PARA: Malika@fastmail.com
DE: Alice@fastmail.com
ASUNTO: Grandpa and Mo
Querida Malika,
¡Mi viaje a New York ha sido muy interesante! No puedo esperar más para contarles todo a mis compañeros cuando regrese. He visto muchas cosas diferentes de la ciudad. Pero el evento de hoy fue el más especial de todos. Visité a mi abuelo. Él me presentó a su amiga Mo. Mo no es una persona. Ella es una "perra visitante" que tiene una tarea muy importante. Ella alegra a la gente que está triste, enferma o sola. Mo visita a mi abuelo un día a la semana y él parece estar muy contento. Y creo saber por qué. Ella es una perra muy amigable. Nunca tuve miedo de conocerla.
Nos veremos pronto.
Alice

1 ¿Qué palabra conocida ves en la palabra *interesante*?

A inter
B interés
C esante
D ante

Sugerencia
Busca una parte de una palabra conocida, como un prefijo o un sufijo y cúbrela con un dedo.

2 ¿Qué palabra conocida ves en la palabra *compañeros*?

F com
G compa
H compañe
J eros

Sugerencia
Busca las palabras conocidas pequeñas dentro de la palabra *compañeros*.

3 Elige la respuesta correcta que separa la palabra *diferente* en partes cortas llamadas sílabas.

A dif-eren-te
B di-fe-rente
C difer-ente
D di-fe-ren-te

Sugerencia
Cuando hay dos o más consonantes.

Nombre ______________________________

▶ **Subraya el pronombre personal plural en cada oración.**

1. Ellos tienen muchos perros.
2. Nosotras cuidamos a nuestras mascotas.
3. Nosotros nos divertimos con Rosie.
4. ¿Cuántos perros tienen ustedes?
5. Ellas van a jugar al parque.

▶ **Lee las palabras que aparecen a la izquierda. Escribe sobre las líneas una oración con cada una de ellas.**

6. ellos ______________________________
7. ellas ______________________________
8. nosotros ______________________________
9. nosotras ______________________________
10. ustedes ______________________________

¡Inténtalo!

Escribe una carta a un amigo sobre las mascotas. Usa tres pronombres personales plurales.

Nombre ____

Rosie, la historia de una perra visitadora

Ortografía: Palabras para el calendario

▶ **Dobla el papel a lo largo de la línea de puntos. Mientras escuchas las palabras de ortografía, escríbelas en el espacio en blanco. Luego desdobla el papel y revisa tus palabras. Practica escribiendo de nuevo las palabras que fallaste.**

1. ______________________
2. ______________________
3. ______________________
4. ______________________
5. ______________________
6. ______________________
7. ______________________
8. ______________________
9. ______________________
10. ______________________
11. ______________________
12. ______________________
13. ______________________
14. ______________________
15. ______________________

PALABRAS DE ORTOGRAFÍA

1. primavera
2. día
3. otoño
4. jueves
5. viernes
6. años
7. domingo
8. fecha
9. lunes
10. verano
11. miércoles
12. invierno
13. martes
14. noche
15. semanas

Nombre ______________________________

▶ **Lee las palabras del vocabulario del siguiente recuadro. Luego lee los grupos de palabras relacionadas que están en cada cometa. Escribe la palabra del vocabulario que pertenece a cada grupo.**

mudanzas	**seriedad**	**colección**
bigote	**até**	**sobrepasó**

1. amarré
sujeté
____

4. grupo
conjunto
____

2. algo entre la nariz y la boca
pelo en la cara
____

5. sin broma
pensativamente
____

3. ir a otro lugar
llevarse todo
____

6. más allá
pasado
____

¡Inténtalo!

Piensa en una o más palabras para añadir a cada lista.

Nombre ___________________________

▶ **Lee el artículo de periódico. Luego encierra en un círculo la letra de la mejor respuesta a cada pregunta.**

Todo lo que un estudiante de tercer grado debe saber sobre mudanzas

¿Se han tenido que mudar muy lejos tú y tu familia alguna vez? La mudanza comienza cuando te dan la noticia de que tú y tu familia se van a mudar. Usualmente esto es emocionante y da miedo. Probablemente tendrás un millón de preguntas. Así que primero averigua a dónde va tu familia. A continuación, pregunta por tu nuevo cuarto; eso es importante. ¿Es tan grande como el anterior? Después, averigua sobre tu nueva casa. ¿Hay patio? ¿Hay una casa en el árbol? ¿Hay niños que puedan ser tus vecinos? Luego tienes que empacar tus cosas. Aunque alguien te ayude, trata de hacerte responsable. Tú debes asegurarte que tu animal de peluche, tu guante de béisbol o tu vestido favoritos no se extravíen por error. Finalmente, cuando el día de la mudanza llegue, dile adiós a tu viejo cuarto, cocina, sala y puerta de enfrente. Eso es lo que yo hago siempre. En poco tiempo le podrás decir hola a tu nueva casa.

1 ¿Qué es lo primero que haces cuando te dan la noticia de que tu familia se va a mudar?

A Averiguar a dónde se va a mudar tu familia

B Averiguar si hay un árbol con casa en la nueva casa

C Preguntar un millón de preguntas

D Empacar tus cosas

Sugerencia

Encuentra la oración con la palabra de secuencia *primero.*

2 ¿Qué pregunta debes hacer antes de empezar a empacar?

F ¿Cuándo debes decirle adiós a tus amigos?

G ¿Es emocionante la mudanza o da miedo?

H ¿Qué tiene de interesante y especial tu nueva casa?

J ¿Puedes llevar tu guante de béisbol?

Sugerencia

Mira las palabras de secuencia subrayadas en el artículo del periódico.

Nombre ______________________________

TAREA
Los cuentos de Julián
Secuencia
PREPARACIÓN PARA LA PRUEBA

▶ **Lee el artículo de periódico. Luego encierra en un círculo la letra de la mejor respuesta a cada pregunta.**

Primero de marzo, Escuela Primaria Big Doings.—Ayer, Chelsea Martínez perdió su marcador mágico de color brillante. Se acordaba que aún tenía el marcador antes del almuerzo. "Después del receso, lo busqué en mi mochila y había desparecido", dijo ella. Esta mañana, todos registraron el salón, la sala de almuerzo y el vestíbulo. "Hasta ahora", dijo Karen Ho, "no ha aparecido. Yo lo sabría, porque Chelsea es mi mejor amiga". Karen nos dijo que el marcador de color brillante era muy especial para Chelsea. "Yo se lo di hace una semana para su cumpleaños". Si alguien encuentra un marcador mágico de color brillante, por favor dénselo a Chelsea. "El próximo año, cuando me den un regalo tan bonito como ése para mi cumpleaños, definitivamente lo voy a dejar en casa".

1 ¿Cuándo es el cumpleaños de Chelsea?

A Al final de febrero
B El 3 de enero de 1991
C El año próximo
D Antes del almuerzo

Sugerencia
Encuentra las palabras de secuencia *hace una semana.*

2 ¿Cómo lo sabes?

F Ella tenía el marcador antes del receso pero no lo pudo encontrar después del receso.
G Karen Ho le dio el marcador y ella es la mejor amiga de Chelsea.
H El artículo de periódico tiene la fecha de 1 de marzo y el cumpleaños de Chelsea fue una semana antes.
J El próximo año Chelsea va a dejar sus regalos de cumpleaños en casa.

Sugerencia
Encuentra la fecha del artículo.

3 ¿Qué palabras de secuencia te dicen cuándo perdió Chelsea su marcador?

A La semana pasada
B Ayer
C Esta mañana
D El próximo año

Sugerencia
Mira las palabras de secuencia subrayadas en el artículo del periódico.

Nombre ______________________________

▶ **Lee las instrucciones para hacer una *cometa de deseos*. Luego contesta las siguientes preguntas.**

Instrucciones para hacer una *cometa de deseos*

Materiales	**Instrucciones**
2 palitos	**1.** Corta una hoja de periódico en forma de un diamante rombo.
periódico	**2.** Cruza dos palitos y átalos a la cometa de papel periódico.
trapos	**3.** Escribe deseos en pedazos de papel.
papel	**4.** Anuda los deseos en los trapos y pónselos a la cometa como cola.
pegamento	**5.** Ata la cuerda a la cometa y hazla volar.
lápiz	**6.** Para que la *cometa de deseos* dé resultados, no deben quedar deseos en la cola cuando bajes la cometa.
cuerda	

1. ¿Qué es lo primero que tienes que hacer para hacer una *cometa de deseos*? **Cruzar los palitos** o **cortar una hoja de periódico**

____

2. ¿Qué es lo siguiente que tienes que hacer? **Cruzar dos palitos** o **hacer la cola de la cometa** ______________________________

3. Después, ¿qué debes hacer? **Anudar los deseos en los trapos** o **escribir los deseos** ______________________________

4. Finalmente, ¿qué debes hacer? **Hacer volar la cometa** o **hacer la cola con los deseos** ______________________________

▶ **¿Qué tiene que pasar para que la "cometa de deseos" dé resultados?**

____

____

▶ **Escribe un deseo que atarías en la cola de una *cometa de deseos*.**

____

Nombre ____________________

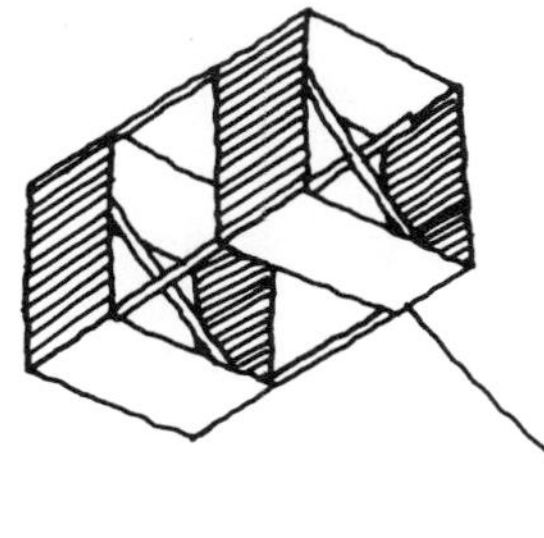

▶ **Escribe el pronombre posesivo en cada oración.**

1. Son los padres de los muchachos. ____________________
2. El patio del vecino está arreglado. ____________________
3. Perdí la bicicleta. ____________________
4. Los patines, Alberto, no los dejes. ____________________
5. Él quiere manejar el carro mio y de mis padres. ____________________

▶ **Vuelve a escribir cada frase usando un posesivo.**

6. las cometas de las niñas ____________________
7. los juegos en mi mochila ____________________
8. los nidos de los pájaros ____________________
9. el trabajo de mi papá ____________________
10. Perrito, los huesos ____________________

¡Inténtalo!

Escribe tres posesivos. Luego escribe tres oraciones con ellos.

Nombre ______________________________

▶ **Dobla el papel a lo largo de la línea de puntos. Mientras escuchas las palabras de ortografía, escríbelas en el espacio en blanco. Luego desdobla el papel y revisa tus palabras. Practica escribiendo de nuevo las palabras que fallaste.**

1. ______________________
2. ______________________
3. ______________________
4. ______________________
5. ______________________
6. ______________________
7. ______________________
8. ______________________
9. ______________________
10. ______________________
11. ______________________
12. ______________________
13. ______________________
14. ______________________
15. ______________________

PALABRAS DE ORTOGRAFÍA

1. especialmente
2. exactamente
3. completamente
4. simplemente
5. justamente
6. nuevamente
7. fácilmente
8. seguramente
9. sumamente
10. bruscamente
11. rápidamente
12. inmediatamente
13. furiosamente
14. apuradamente
15. probablemente

Nombre ______________________

▶ **Completa cada oración con una palabra del vocabulario de las abejas.**

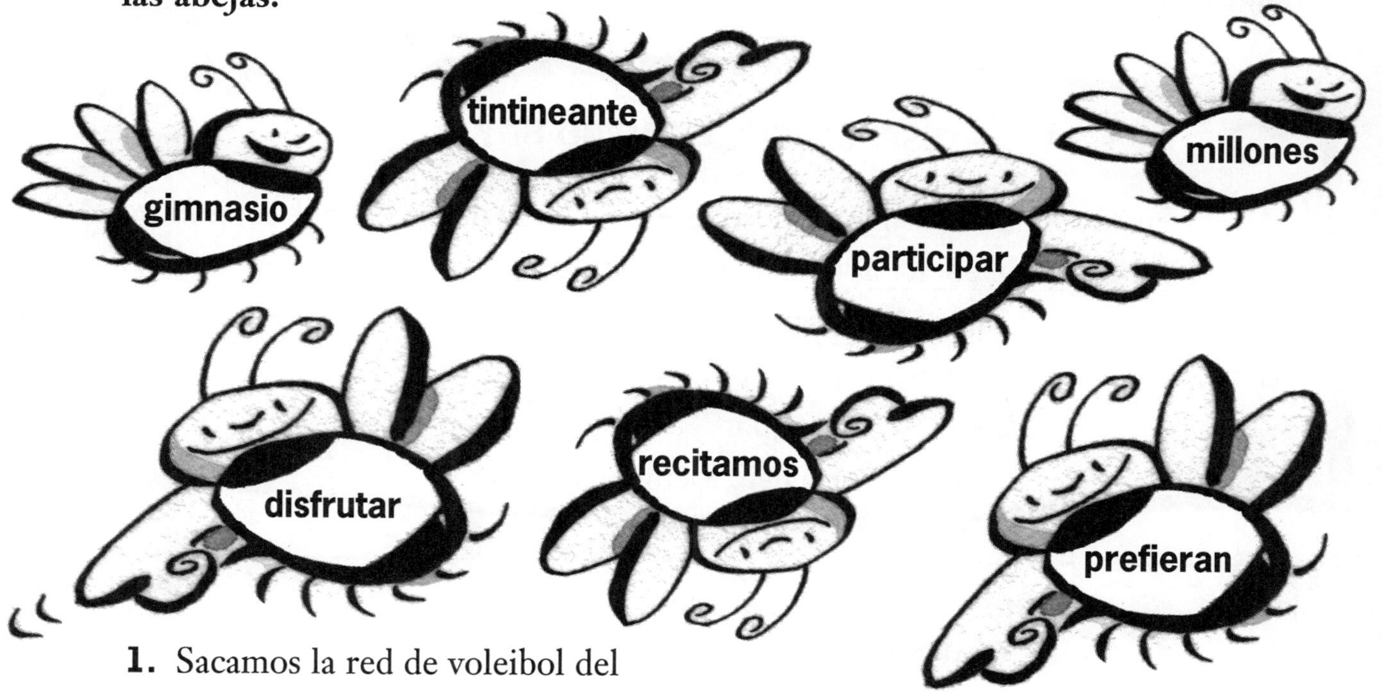

gimnasio   tintineante   participar   millones
disfrutar   recitamos   prefieran

1. Sacamos la red de voleibol del ______________ para dejar espacio al espectáculo de talentos.

2. El público parecía ______________ el espectáculo.

3. Mi mejor amigo va a tocar el tambor solo. Estoy ansioso por verlo ______________.

4. ______________ el poema de memoria.

5. Ángela y Mónica pueden bailar a menos que ______________ cantar.

6. Keisha quiere hablar de los ______________ de estrellas que hay.

▶ **Escribe las palabras del vocabulario que tienen casi el mismo significado.**

7. gozar ______________

8. intervenir ______________

¡Inténtalo!

Escribe un párrafo sobre el último espectáculo de talentos que hayas visto. Usa tantas palabras del vocabulario como puedas.

Nombre ______________________________

▶ **Lee el cartel de anuncio del espectáculo de magia. Luego completa la tabla.**

ESPECTÁCULO MÁGICO HOY

¡Ven, vengan todos al más maravilloso espectáculo de magia en la Tierra! Es una interminable celebración de magia. Vean al más famoso mago del mundo. Él los hechizará. Vean cómo desaparecen y reaparecen los conejos. ¡Vean por sí mismos los mejores trucos que se puedan imaginar!

CUÁNDO: 7:00 p.m.

DÓNDE: Escuela Elemental Tuttle

	Prefijo	Qué significa el prefijo	+ palabra base	= nueva palabra	La nueva palabra significa
1.	in–	sin-	terminable	interminable	que no termina
2.					
3.					

	Palabra base	+ Sufijo	Qué significa el sufijo	= nueva palabra	La nueva palabra significa
4.					
5.					
6.					
7.					

Nombre ______________________________

▶ **El artículo de periódico contiene palabras incompletas que están subrayadas. Encierra en un círculo el prefijo o el sufijo que corresponde a cada palabra subrayada.**

MARZO • **EL PERIÓDICO** • 25¢

El espectáculo de talentos en la Escuela Elemental Grimley fue **(1)** grandi. Los estudiantes diseñaron una gran **(2)** produc. La Sra. Eaton debe estar **(3)** emocion. Una de sus estudiantes, Beany, tuvo el acto más **(4)** sorprend de la noche. Los saltos mortales de Beany fueron tan impresionantes que casi eran **(5)** incre. En realidad, la estudiante que hizo de abeja reina estaba tan sorprendida que la veía con **(6)** credulidad.

1 grandi
- **A** in
- **B** able
- **C** ente
- **D** oso

2 produc
- **F** in
- **G** able
- **H** ente
- **J** ción

3 emocion
- **A** in
- **B** able
- **C** ada
- **D** oso

4 sorprend
- **F** in
- **G** able
- **H** ente
- **J** oso

5 incre
- **A** in
- **B** ible
- **C** ente
- **D** oso

6 credulidad
- **F** in
- **G** able
- **H** ente
- **J** oso

Sugerencia

¿Suena bien la palabra que formaste? ¿Tiene sentido?

Nombre ____________________

TAREA
El espectáculo de talentos
Sacar conclusiones

▶ **Lee el siguiente párrafo. Luego escribe falsa o verdadera después de cada una de las siguientes conclusiones. Recuerda usar información de la historia y de tus conocimientos para sacar conclusiones.**

(1) Me emocioné mucho cuando supe que habría una obra de teatro en la escuela. Es divertido ver obras de teatro. **(2)** Pensé que sería todavía más divertido participar en una. **(3)** Imaginé que podría ser la estrella de la obra de teatro. **(4)** Después de todo, ¿quién sabe más de teatro que yo? **(5)** Pero sucede que mi maestro, el Sr. Li, sabe más que yo. **(6)** Él sabía incluso que yo no sería la estrella. **(7)** En realidad, ¡yo sólo tuve un papel pequeño en la obra! Sólo dije tres palabras: —Sí, su Majestad. Me sentí tonto diciendo mi horrible frasecita. **(8)** Tal vez por eso el Sr. Li dijo: —No te preocupes, las estrellas del futuro tienen que empezar en alguna parte.

1. Al autor le gusta ver obras de teatro. ____________
2. El autor no quería participar en la obra de teatro. ____________
3. El autor fue la estrella de la obra de teatro. ____________
4. El Sr. Li sabe más de obras de teatro que el autor. ____________
5. El Sr. Li sabe más que cualquiera sobre obras de teatro. ____________
6. El Sr. Li decidió no darle al autor un papel importante. ____________
7. El autor estaba triste porque sólo le dieron un papel pequeño. ____________
8. El Sr. Li cree que el autor puede ser una estrella algún día. ____________

Nombre ______________________________

▶ **Lee las oraciones. Encierra en un círculo la cosa que le pertenece a alguien.**

1. Los aretes de mi maestra son muy especiales.
2. El perro de Antonio visitará la escuela.
3. El poema de Carol Ann tiene varios versos.
4. El traje de Rebeca tiene rayas negras y amarillas.
5. El papá de Rebeca pasa tiempo con ella.

▶ **Completa la oración con alguna cosa que le pertenezca a alguien.**

6. Las ______________________________ de Paula son divertidas.
7. Los ______________________________ de la escuela son grandes.
8. Las ______________________________ del cielo son infinitas.
9. La ______________________________ de Beethoven es hermosa.
10. El ______________________________ de Rebeca es muy especial.

¡Inténtalo!

Escribe tres oraciones en donde menciones algunas cosas que alguien posee. Dibuja una línea debajo de la persona a la que le pertenece y dos líneas debajo de lo que le pertenece.

Nombre ______________________________

▶ **Dobla el papel a lo largo de la línea de puntos. Mientras escuchas las palabras de ortografía, escríbelas en el espacio en blanco. Luego desdobla el papel y revisa tus palabras. Practica escribiendo de nuevo las palabras que fallaste.**

1. ______________________
2. ______________________
3. ______________________
4. ______________________
5. ______________________
6. ______________________
7. ______________________
8. ______________________
9. ______________________
10. ______________________
11. ______________________
12. ______________________
13. ______________________
14. ______________________
15. ______________________

PALABRAS DE ORTOGRAFÍA

1. elefante
2. interesante
3. durante
4. instante
5. constante
6. gigante
7. agonizante
8. alarmante
9. bastante
10. extravagante
11. distante
12. diamante
13. adelante
14. cantante
15. tintineante

Nombre ______________________________

▶ **Completa cada oración con una de las palabras del vocabulario que aparecen a continuación.**

halcón **empatan** **culpa** **derrotan** **concentrarse** **jardinero**

1. Los equipos que ______________________ a sus contrincantes, pasan a la final.

2. Si ______________________ deben jugar tiempo adicional.

3. Por mi ______________________ el otro equipo hizo la tercera carrera.

4. ¡No es verdad! Ningún ______________________ podría haber atrapado esa pelota.

5. El bateador debe ______________________ antes de batear.

6. Bueno, realmente eres un ______________________. ¡No se te pasa nada!

▶ **Resuelve estas ecuaciones usando palabras del vocabulario.**

7. [culebra - ebra] + [palo - lo]

____

8. parque + *ero* =

____

9. lo contrario de + dejarse ver

____

¡Inténtalo! Escribe títulos para tres libros sobre deportes, usando una palabra del vocabulario en cada título.

Nombre ______________________________

TAREA
Un halcón en el jardín central
Secuencia
PREPARACIÓN PARA LA PRUEBA

▶ **Lee la siguiente historia de béisbol. Luego encierra en un círculo la letra de cada una de las respuestas correctas.**

La historia del béisbol

El béisbol se convirtió en un deporte popular en Estados Unidos cuando los soldados empezaron a jugarlo durante la Guerra Civil (1861–85). Después de la guerra, se formaron equipos de béisbol por todo el país. En realidad, un juego parecido al béisbol se jugó por primera vez en Inglaterra en la década de 1700. El juego inglés era llamado "carreras".

El béisbol se convirtió en un juego diferente de "carreras" después de que el neoyorquino Alexander Cartwright escribió una serie de reglas de béisbol en 1845. En "carreras", se puede sacar a un jugador del juego lanzándole la pelota y golpeándolo con ella cuando corre de una base a otra. El Sr. Cartwright decidió que un jugador necesitaba tocar a otro jugador con la pelota para sacarlo del juego. La nueva regla hizo que el béisbol se convirtiera en un juego muy diferente. Finalmente, el béisbol llegó a ser el juego que es hoy.

1 ¿Qué evento ocurre primero en la historia del béisbol?

A Los soldados jugaban al béisbol durante la Guerra Civil de Estados Unidos.

B Un juego llamado "carreras" se jugaba en Inglaterra.

C El juego fue inventado en 1845.

D Alexander Cartwright escribió las reglas del béisbol.

Sugerencia
Busca claves de la secuencia del tiempo.

2 ¿Qué evento ocurre luego en la historia del béisbol?

F Alexander Cartwright escribió las reglas del béisbol.

G Las pelotas de béisbol se hicieron más pequeñas y más duras.

H Los soldados jugaron béisbol durante la Guerra Civil de Estados Unidos.

J Se formaron equipos de béisbol por todo el país.

Sugerencia
Coloca las fechas de la historia en orden, desde la primera hasta la última.

Nombre ____________________

▶ **Subraya los pronombres de complemento que encuentres en cada oración.**

1. Te dije que el béisbol era el deporte nacional.
2. Les regalaron boletas para el partido.
3. Charles los vio en el estadio.
4. Me regalaron un guante y un bate.
5. El entrenador nos felicitó.

▶ **Completa las oraciones con los pronombres de complemento correctos. Las palabras que están entre paréntesis te ayudarán.**

6. Su hermana ____________ llevó al parque. **(a Raymundo)**
7. Ella ____________ invitó a jugar. **(a ti)**
8. La pelota ____________ golpeó en el hombro. **(a mí)**
9. El entrenador ____________ pidió que fuéramos a practicar. **(a mí y a Bill)**
10. ____________ dije que mi equipo ganaría. **(a Marco y a Bill)**

Nombre ______________________________

▶ **Dobla el papel a lo largo de la línea de puntos. Mientras escuchas las palabras de ortografía, escríbelas en el espacio en blanco. Luego desdobla el papel y revisa tus palabras. Practica escribiendo de nuevo las palabras que fallaste.**

1. ______________________________

2. ______________________________

3. ______________________________

4. ______________________________

5. ______________________________

6. ______________________________

7. ______________________________

8. ______________________________

9. ______________________________

10. ______________________________

11. ______________________________

12. ______________________________

13. ______________________________

14. ______________________________

15. ______________________________

PALABRAS DE ORTOGRAFÍA

1. fantástica
2. época
3. íbamos
4. tímido
5. espíritu
6. cómica
7. molécula
8. práctico
9. plástico
10. fanáticos
11. esférico
12. ánimo
13. público
14. escúchame
15. concéntrate

Nombre ______________________________

▶ **Termina la anotación en el diario. Usa las palabras del vocabulario que están a continuación para completar las oraciones.**

receta	**contagiosas**	**vestíbulo**	**inesperadamente**
desilusionada	**atención**	**consuelo**	

Querido diario:

Lunes

Al comienzo del día me sentí un poco **(1)** ______________________. Fuimos al hospital a visitar a nuestra madre y a nuestra hermanita nueva y me tocó esperar en el **(2)** ______________________. Una enfermera dijo que yo no podía entrar a la sección de maternidad. Según me explicó mi padre, los niños menores de doce años podemos tener enfermedades **(3)** ______________________ y el deber del hospital es proteger a los bebés. Me senté sola a esperar e **(4)** ______________________ comencé a sentir que algo me picaba. Un médico me vio y cuando le expliqué mi situación trató de darme **(5)** ______________________. Sacó su cuaderno y escribió algo que yo no entendí. Cuando mi padre y Bea salieron del ascensor, les entregué la **(6)** ______________________ que me había dado el doctor pensando que tendría que tomar medicinas. Después entendí que mi mal no requería de medicinas sino de un poco más de **(7)** ______________________. Mi padre entendió la situación y nos llevó a comer helados. Ahora me siento mucho mejor.

▶ **Escribe una oración usando dos palabras del vocabulario que tengan tres sílabas.**

____

____

¡Inténtalo!

Escribe dos oraciones acerca de la ultima vez que no fuiste a la escuela porque estabas enfermo. Utiliza algunas de las palabras del vocabulario.

Nombre ________________________________

TAREA
¡Viva Ramona!
Prefijos y sufijos
PREPARACIÓN PARA LA PRUEBA

▶ **El siguiente poema no tiene sentido y está lleno de prefijos y sufijos. Lee el poema. Haz un círculo alrededor de la letra que corresponde a la respuesta correcta para cada pregunta.**

A mi tía Hilda le gustan las novelas.
A mi tía Sue le disgusta el zoológico.
Mi tía Lou tiene tantas velas
que parece algo increíble.

Mi tía Sheila siempre se sobrellena,
y mi tía Gloria lo desaprueba.
Tía Beba desaparece con la luna llena
y es entonces cuando nieva.

A mi tía Rita le gusta la perfección.
Así que rehace lo que ya hiciste.
Tía Beba tiene muchos libros de ficción.
Será mejor que leas y te alistes.

1 ¿Qué te dice el poema acerca de las tantas velas de tía Lou?

A Cualquiera lo cree.

B Parece algo que se puede creer.

C Se puede creer un poco.

D No se puede creer.

Sugerencia
Piensa en el prefijo in-. ¿Qué significa? ¿Qué nos dice acerca de la cantidad de velas? ¿Cómo es algo que **no** se cree? PISTA: ¿Qué quiere tu mamá cuando dice que tu hermanito está inquieto?

2 ¿Qué desaprueba la tía Gloria de la tía Sheila?

F cuando tía Sheila no come mucho

G cuando tía Sheila se sienta a la mesa

H cuando tía Sheila no come lo suficiente

J cuando tía Sheila se sobrellena

Sugerencia
¿Qué significa el prefijo *sobre*-? ¿Qué hizo incorrecto tía Sheila?

3 ¿Qué es lo OPUESTO a *perfección*?

A algo que tiene una parte dañada

B que es bonito

C la imperfección

D algo que es perfecto

Sugerencia
Observa el prefijo *in*-. ¿Qué significa? ¿Cómo puedes formar el opuesto de esta palabra? Recuerda que delante de la letra *p* la letra *n* se cambia a *m*.

Nombre ______________________________

▶ **Encierra en un círculo los adjetivos en cada oración.**

1. Ella era una bebé bonita.

2. Él le daba el biberón caliente.

3. Ellos hacían caras chistosas para hacerla reír.

4. Tiró su biberón y levantó sus pequeños pies.

5. Yo fui a la cuna para ver al simpático bebé.

6. Los bebés andaban a gatas en el piso frío.

7. Bianca se sentó en una silla alta.

8. El papá de Pablo hizo una torre redonda.

9. Marvin y tú jugaron con el conejo rosado.

10. La manta es suave.

Nombre ______________________________

▶ **Dobla el papel a lo largo de la línea de puntos. Mientras escuchas las palabras de ortografía, escríbelas en el espacio en blanco. Luego desdobla el papel y revisa tus palabras. Practica escribiendo de nuevo las palabras que fallaste.**

1. ______________________________
2. ______________________________
3. ______________________________
4. ______________________________
5. ______________________________
6. ______________________________
7. ______________________________
8. ______________________________
9. ______________________________
10. ______________________________
11. ______________________________
12. ______________________________
13. ______________________________
14. ______________________________
15. ______________________________

PALABRAS DE ORTOGRAFÍA

1. brillante
2. valle
3. ayudante
4. aullar
5. desayunar
6. bello
7. villa
8. chayote
9. yogur
10. orilla
11. folleto
12. pasillo
13. orgullosa
14. leyó
15. maravillosa

Nombre ______________________________

▶ **Escribe la palabra que completa cada una de las oraciones.**

afortunado iluminado generación empeño fiel suspicacia

1. Si eres una persona que tiene suerte, eres ______________________.

2. Si algo está bajo la luz, está ______________________.

3. Un grupo de personas que nacieron más o menos en la misma época forman una

______________________.

4. Cuando me acerqué, me miro con

______________________.

5. Una persona muy leal es ______________________.

6. Si deseas lograr algo, debes trabajar con

______________________.

7. Mis abuelos viven con nosotros. Son de otra

______________________.

▶ **Usa una palabra del vocabulario para resolver esta adivinanza.**

8. Tengo cuatro sílabas y muchos millones de personas. ¿Qué soy?

______________________.

¡Inténtalo!

Escribe una historia usando las palabras del vocabulario sobre una tradición que tengan tú y tu familia. Puede ser una tradición relacionada con un día festivo, de cumpleaños o algo que a ti y a tu familia les gusta hacer juntos.

Nombre ____________________

TAREA
Los dichos que compartimos
Elementos narrativos
PREPARACIÓN PARA LA PRUEBA

▶ **Lee el pasaje. Luego contesta las preguntas que están a continuación.**

A Oso le encantaba montar en bicicleta. Era la cosa que más le gustaba hacer. Pero también necesitaba practicar con su tuba para tocar en la banda de la Escuela de los Osos. "¿Qué debo hacer?", se preguntaba. "¡Ya sé, practicaré con la tuba mientras monto en mi bicicleta!".

Oso cogió su gran tuba, se fue a la cochera y se montó en su bicicleta. Era difícil agarrar los manubrios y tocar la tuba al mismo tiempo. —Solo moveré los pedales —dijo. No necesito agarrar el manubrio.

Oso pedaleó por el camino en el bosque, pero la tuba era demasiado pesada. Oso se balanceaba de un lado a otro tratando de equilibrarse. No podía tocar la tuba. Tampoco podía ver por dónde iba. Luego… ¡PUM! Oso se estrelló contra un árbol. Por allá rodaron Oso, la bicicleta y la tuba. Oso recordó un dicho sabio que leyó en la escuela: *No se puede silbar y tragar pinole.* —Creo que tendré que practicar con la tuba antes de montar en bicicleta —dijo Oso. No puedo hacer las dos cosas al mismo tiempo—.

1 ¿Cuál es el problema de Oso?

A Oso toca la tuba en la banda de la escuela.

B Oso no sabe montar en bicicleta.

C Oso quiere montar en bicicleta y también quiere practicar con la tuba.

D A Oso le gusta andar en bicicleta.

Sugerencia
Una de las opciones de respuesta no es un problema.

2 ¿Qué aprende Oso cuando trata de tocar la tuba y montar en bicicleta al mismo tiempo?

F Necesita agarrar los manubrios.

G No puede hacer demasiadas cosas al mismo tiempo.

H Necesita estar delgado para montar en bicicleta.

J Los dichos son interesantes.

Sugerencia
Elimina las opciones de respuesta que claramente son incorrectas.

3 ¿Qué dice Oso que hará para resolver el problema?

A Practicar con la tuba.

B Darse por vencido en su intento de tocar y montar en bicicleta al mismo tiempo.

C Silbar y tragar pinole.

D Montar en bicicleta después de practicar con la tuba.

Sugerencia
Busca una cita textual de Oso sobre el problema.

Nombre ______________________________

▶ **Completa las oraciones con los adjetivos correspondientes. Usa las palabras que están entre paréntesis.**

1. Él le enseñó una ____________________ lección a la liebre. **(gran, grandes)**

2. El lobo ____________________ huyó. **(feroz, feroces)**

3. Los proverbios ____________________ son muy populares. **(chinos, chinas)**

4. Ella me dio los libros ____________________. **(pesadas, pesados)**

5. Me gustan las fábulas ____________________. **(divertida, divertidas)**

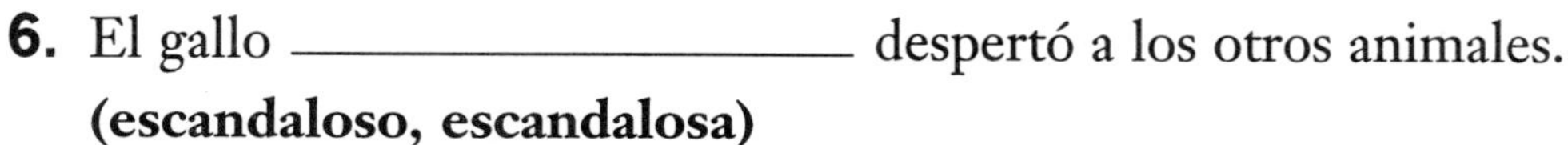

6. El gallo ____________________ despertó a los otros animales. **(escandaloso, escandalosa)**

7. Los estudiantes de tercer grado escuchamos a nuestra ____________________ maestra. **(buena, buenas)**

8. Le pregunté a Jack, el perro, sobre su comida ____________________. **(deliciosos, deliciosa)**

9. Él tomó el libro ____________________. **(rojos, rojo)**

10. El ratón ____________________ trató de agarrar el queso. **(perezoso, perezosas)**

¡Inténtalo!

Busca varios artículos de tu salón de clase y descríbelos con adjetivos.

Nombre ______________________________

▶ **Dobla el papel a lo largo de la línea de puntos. Mientras escuchas las palabras de ortografía, escríbelas en el espacio en blanco. Luego desdobla el papel y revisa tus palabras. Practica escribiendo de nuevo las palabras que fallaste.**

1. ______________________
2. ______________________
3. ______________________
4. ______________________
5. ______________________
6. ______________________
7. ______________________
8. ______________________
9. ______________________
10. ______________________
11. ______________________
12. ______________________
13. ______________________
14. ______________________
15. ______________________

PALABRAS DE ORTOGRAFÍA

1. computadora
2. impresora
3. programa
4. memoria
5. teclado
6. monitor
7. disco
8. informática
9. ventana
10. pantalla
11. archivo
12. formato
13. imprimir
14. ratón
15. modem

Índice de estrategias y destrezas

TROFEOS

Pruebas al final de la lectura

Grado 3 ◆ Tomo uno

Nombre _______________________ Fecha __________

El oficial Buckle y Gloria

Instrucciones: Para las preguntas 1 a la 18, rellena el círculo de la respuesta correcta. Para las preguntas 19 y 20, escribe la respuesta.

Vocabulario

1. Seremos cuidadosos para no tener ________ .

Ⓐ regalos Ⓑ accidentes
Ⓒ dulces Ⓓ guantes

2. El ________ escuchó el discurso del oficial Buckle.

Ⓐ público Ⓑ gigante
Ⓒ accidente Ⓓ anuncio

3. El oficial Buckle le da ________ a Gloria para que se siente durante el discurso.

Ⓐ la mano Ⓑ respuestas
Ⓒ órdenes Ⓓ anuncios

4. Mamá compra leche en el ________ de productos lácteos del supermercado.

Ⓐ detalle Ⓑ departamento
Ⓒ toro Ⓓ decepcionado

5. Sé que estás contenta por las ________ de tu cara.

Ⓐ expresiones Ⓑ respuestas
Ⓒ órdenes Ⓓ preguntas

6. Cuando Miguel hace caso a las instrucciones, ________ a la maestra.

Ⓐ cuenta Ⓑ envía
Ⓒ confunde Ⓓ obedece

Nombre ______________________________ Fecha __________

7. El oficial Buckle dio dos __________ antes de traer a Gloria.
   (A) títulos
   (B) discursos
   (C) refrescos
   (D) escritorios

Comprensión

8. Al principio del libro, ¿por qué duermen los estudiantes durante el discurso del oficial Buckle?
   (A) Los estudiantes están cansados.
   (B) Ya es tarde.
   (C) El cuarto está oscuro.
   (D) El discurso es aburrido.

9. Mientras habla el oficial Buckle, Gloria __________ .
   (A) ladra mucho
   (B) duerme
   (C) actúa lo que él dice
   (D) hace los trucos que él le enseñó

10. El oficial Buckle cree que los niños lo vitorean porque él __________ .
   (A) habla con mucha expresión
   (B) les da consejos importantes de seguridad
   (C) cuenta chistes geniales
   (D) sonríe mucho

11. ¿En qué se parecen las cartas de agradecimiento de la escuela Napville?
   (A) Todos los estudiantes imprimen sus cartas.
   (B) Todas las cartas tienen dibujos de Gloria.
   (C) Ninguna menciona a Gloria.
   (D) Tienen dibujos del oficial Buckle y Gloria.

Nombre ______________________________ Fecha __________

12. El teléfono del oficial Buckle suena varias veces porque __________ .
   Ⓐ no funciona bien
   Ⓑ hay mucho crimen
   Ⓒ la gente quiere escuchar la voz del oficial Buckle
   Ⓓ la gente quiere ver a Gloria

13. Cuando el oficial Buckle ve el noticiero, se da cuenta de que __________ .
   Ⓐ sale bien en la televisión
   Ⓑ Gloria hace reír a la gente
   Ⓒ sus discursos son demasiado largos
   Ⓓ no habla lo suficientemente fuerte

14. ¿Cómo se siente el oficial Buckle después de verse en la tele?
   Ⓐ cansado
   Ⓑ como un tonto
   Ⓒ satisfecho
   Ⓓ contento

15. ¿Por qué el oficial Buckle vuelve a dar esos discursos?
   Ⓐ Sabe que él y Gloria dan los mejores consejos cuando lo hacen en equipo.
   Ⓑ La directora de la escuela Napville lo invita a dar otro discurso.
   Ⓒ No tiene otra cosa que hacer.
   Ⓓ Quiere volver a salir en la televisión.

16. ¿Cuándo regresa el oficial Buckle a dar sus discursos otra vez?
   Ⓐ antes de que sucedan accidentes en la escuela Napville
   Ⓑ antes de darle un helado a Gloria
   Ⓒ el mismo día cuando Gloria se queda dormida en el escenario
   Ⓓ después de que sucede el peor accidente en la escuela Napville

Nombre ______________________________ Fecha ____________

17. ¿Qué oración describe mejor el cuento?

Ⓐ Los perros pueden ser chistosos.

Ⓑ Un oficial de la policía siempre debe trabajar solo.

Ⓒ A veces es mejor trabajar con un compañero.

Ⓓ Los niños deben aprender 101 consejos de seguridad.

18. Este libro es __________ .

Ⓐ una ficción realista

Ⓑ una ficción histórica

Ⓒ ciencia ficción

Ⓓ fantasía

19. Escribe dos cosas que hacen que la carta de agradecimiento de Claire sea diferente de las demás.

____

____

____

____

____

20. Claire envía una carta al oficial Buckle sobre el accidente. Gracias a esto, ¿qué aprende el oficial acerca de él y Gloria?

____

____

____

____

____

Nombre ______________________________ Fecha __________

Pepita habla dos veces

Instrucciones: Para las preguntas 1 a la 18, rellena el círculo de la respuesta correcta. Para las preguntas 19 y 20, escribe la respuesta.

Vocabulario

1. Mi hermano dio una __________ porque no le gustó el programa que mirábamos en la tele.

Ⓐ quijada Ⓑ queja
Ⓒ sonrisa Ⓓ toalla

2. Español e inglés son dos __________ que mi hermano habla.

Ⓐ piratas Ⓑ hermanas
Ⓒ lenguas Ⓓ exhibiciones

3. Una persona __________ de la risa cuando pasó la parte chistosa de la película.

Ⓐ explotó Ⓑ exclamó
Ⓒ corrigió Ⓓ explicó

4. Mi hermana __________ algo que no pude oír bien.

Ⓐ multiplicó Ⓑ movió
Ⓒ vio Ⓓ murmuró

5. El perro se __________ detrás de nosotros y no lo pudimos ver.

Ⓐ deslizó Ⓑ emocionó
Ⓒ aburrió Ⓓ sonrojó

6. Cuando me rehúso a comer espinacas, papá dice que soy una __________ .

Ⓐ acogedora Ⓑ terca
Ⓒ preocupona Ⓓ receta

Nombre ______________________________ Fecha ____________

7. El perro salió a la calle __________ contra el tráfico.
   Ⓐ distraído
   Ⓑ atontado
   Ⓒ entretenido
   Ⓓ disparado

Comprensión

8. El cuento probablemente ocurre en __________ .
   Ⓐ nuestra época
   Ⓑ el futuro
   Ⓒ el espacio
   Ⓓ el pasado

9. ¿Qué es lo primero que Pepita quiere hacer después de clases?
   Ⓐ hablar inglés y español
   Ⓑ ayudar al Sr. Hobbs en el supermercado
   Ⓒ enseñarle a Lobo, su perro, un nuevo truco
   Ⓓ conversar con el que le entrega a la tía Rosa

10. Pepita está triste porque la gente quiere que ella los ayude a
   Ⓐ comprender a los demás
   Ⓑ comprar la comida
   Ⓒ contestar el teléfono
   Ⓓ entrenar a sus perros

11. Cuando Pepita regresa a casa de la escuela, ¿qué ve?
   Ⓐ que Juan no ha ido a la escuela ese día
   Ⓑ que Lobo la siguió a la calle
   Ⓒ a Juan entrenando a Lobo a recoger la pelota
   Ⓓ que Lobo está dormido en el jardín

Nombre ______________________ Fecha __________

12. <u>Lobo</u> es el nombre del perro y un tipo de __________ .

Ⓐ insecto
Ⓑ espantapájaros
Ⓒ animal
Ⓓ dulce

13. Pepita quiere dejar de hablar español porque está __________ .

Ⓐ confundida en la escuela
Ⓑ cansada de ayudar a la gente
Ⓒ enojada con el vendedor por pedirle su ayuda
Ⓓ enseñándole un truco nuevo a su perro

14. ¿Qué significa cuando Pepita dice que "habla dos veces"?

Ⓐ decir las cosas en inglés y en español
Ⓑ repetir las cosas en inglés
Ⓒ decir las cosas dos veces para que la gente la oiga
Ⓓ repetir las cosas en español

15. ¿Por qué no viene Lobo cuando Pepita lo llama Wolf?

Ⓐ Lobo no obedece a Pepita.
Ⓑ Lobo está cansado de jugar.
Ⓒ Lobo no sabe que Wolf es su nombre en inglés.
Ⓓ Lobo juega a atrapar la pelota con Juan.

16. <u>Abuelita</u> es el apodo de __________ .

Ⓐ la tía
Ⓑ el perro
Ⓒ el padre
Ⓓ la abuela

Nombre ______________________________ Fecha ____________

17. El papá le dice a Pepita que si ya no habla español debe __________ .

Ⓐ dejar las tortillas, enchiladas y tamales

Ⓑ dejar la escuela

Ⓒ cambiarse de nombre

Ⓓ olvidarse de los cuentos de Abuelita

18. ¿Cómo se da cuenta Pepita de que se ha comportado como una tonta?

Ⓐ Lobo ya no quiere jugar con ella.

Ⓑ Miguel lanza una pelota al jardín de ella.

Ⓒ Un carro casi atropella a Lobo.

Ⓓ Pepita extraña las canciones que canta en la escuela.

19. Explica lo que hace Pepita cuando la gente le pide ayuda en inglés y en español.

____

____

____

____

____

20. ¿Cuál es la lección que Pepita aprende al final del cuento?

____

____

____

____

Nombre ______________________________ Fecha __________

Nate, el gran detective de San Francisco

Instrucciones: Para las preguntas 1 a la 18, rellena el círculo de la respuesta correcta. Para las preguntas 19 y 20, escribe la respuesta.

Vocabulario

1. La persona que resuelve misterios es un __________ .

Ⓐ detective
Ⓑ reportero
Ⓒ maestro
Ⓓ orador

2. El detective trabaja en un __________ importante.

Ⓐ público
Ⓑ gigante
Ⓒ caso
Ⓓ anunciar

3. Este caso es __________ porque requiere de una lupa.

Ⓐ discreto
Ⓑ específico
Ⓒ aburrido
Ⓓ un discurso

4. El buen detective siempre necesita a un __________ .

Ⓐ nieto
Ⓑ chofer
Ⓒ primo
Ⓓ asistente

5. Hay que encontrar el libro __________ antes de las dos.

Ⓐ siempre
Ⓑ definitivamente
Ⓒ con cuidado
Ⓓ de repente

6. No había __________ en La casa del panqueque.

Ⓐ devoluciones
Ⓑ resuelto
Ⓒ tirado
Ⓓ órdenes

Nombre ______________________________ Fecha ____________

7. No veo esta pista tan ________ .
Ⓐ fresca
Ⓑ gigantesca
Ⓒ aseñorada
Ⓓ diminuta

Comprensión

8. La acción en el cuento comienza en ________ .
Ⓐ la limosina
Ⓑ la cafetería
Ⓒ el teatro
Ⓓ el aeropuerto

9. ¿Con quién debe encontrarse Nate a las diez?
Ⓐ con Willie
Ⓑ con Olivia
Ⓒ con Sludge
Ⓓ con el chofer

10. La prima de Nate no puede ir al aeropuerto porque está ________ .
Ⓐ trabajando en un caso
Ⓑ manejando la limosina
Ⓒ visitando a unos amigos
Ⓓ esperando a Nate en su casa

11. ¿Qué es lo primero que tiene que encontrar Nate en California?
Ⓐ la librería Booksie
Ⓑ los dientes de Colmillos
Ⓒ el caracol de Claude
Ⓓ la estola de plumas de Olivia

12. Nate decide aceptar el caso de Duncan porque ________ .
Ⓐ Olivia está muy ocupada
Ⓑ Sludge sabe cómo resolverlo
Ⓒ Willie cree que Nate lo puede ayudar
Ⓓ Annie llama a casa

Nombre ______________________ Fecha __________

13. El caso debe resolverse para las dos en punto porque ________ .

Ⓐ cierran el puente Golden Gate
Ⓑ Nate debe regresar a su casa
Ⓒ Olivia va a esa hora con la policía
Ⓓ Duncan tiene que contarle un chiste a un amigo

14. ¿Qué hace Sludge después de que Nate sale de La casa del panqueque de Perry?

Ⓐ Se dirige al puente Golden Gate.
Ⓑ Busca en la nevera de Duncan.
Ⓒ Va a la librería Booksie.
Ⓓ Busca en el basurero de la casa de panqueque de Perry.

15. ¿En dónde encuentra Nate el libro?

Ⓐ en el puente Golden Gate
Ⓑ en la bolsa de Duncan
Ⓒ en la sección de libros de cocina
Ⓓ en el asiento trasero de la limosina

16. El libro de Duncan está con los de cocina porque confunden ________ .

Ⓐ la cubierta
Ⓑ el precio
Ⓒ el título
Ⓓ el índice

17. Al final del cuento, ¿qué va a buscar Nate al puente Golden Gate?

Ⓐ la estola de plumas de Olivia
Ⓑ el caracol de Claude
Ⓒ la bolsa de la librería Booksie
Ⓓ los dientes de Colmillos

Nombre ______________________________ Fecha __________

18. En La casa del panqueque de Perry, el mesero se enfada cuando Nate le pregunta sobre Duncan, porque Duncan __________ .

Ⓐ derramó la miel

Ⓑ no dejó una propina

Ⓒ pidió panqueques de moras

Ⓓ olvidó cuál era el chiste

19. ¿Qué significa cuando Nate dice: "perder la esperanza es lo peor que puede pasar"?

____

____

____

____

____

____

____

20. ¿Cómo sabe Nate dónde encontrar el libro?

____

____

____

____

____

____

____

Nombre ______________________________ Fecha __________

El sueño de básquetbol de Allie

Instrucciones: Para las preguntas 1 a la 18, rellena el círculo de la respuesta correcta. Para las preguntas 19 y 20, escribe la respuesta.

Vocabulario

1. Rick __________ a la canasta.
   - (A) obedeció
   - (B) actuó
   - (C) apuntó
   - (D) sorprendió

2. El __________ de nuestro equipo es uno de los mejores jugadores.
   - (A) capitán
   - (B) torero
   - (C) público
   - (D) anuncio

3. El __________ del auditorio dijo que nos portamos bien.
   - (A) dinosaurio
   - (B) vigilante
   - (C) aro
   - (D) accidente

4. Lorenzo __________ estar dormido.
   - (A) fingió
   - (B) rebotó
   - (C) se fijó
   - (D) cruzó

5. Carla canta tan bien que se va a convertir en cantante __________ .
   - (A) terca
   - (B) antigua
   - (C) hormiga
   - (D) profesional

6. Como había caminado por allí, esa calle me era __________ .
   - (A) familiar
   - (B) graciosa
   - (C) confusa
   - (D) sensata

Nombre ______________________________ Fecha __________

7. Los maestros __________ antes de que ganáramos.
   Ⓐ se relajaron
   Ⓑ rebotaron
   Ⓒ aplaudieron
   Ⓓ escribieron

Comprensión

8. ¿Qué sucede al principio de esta selección?
   Ⓐ Allie juega básquetbol con otros niños.
   Ⓑ Allie espera a que su padre salga del trabajo.
   Ⓒ El padre de Allie le trae un regalo.
   Ⓓ Allie intercambia su pelota de básquetbol por una de voleibol.

9. "Allie inspeccionó las canchas" significa que __________ .
   Ⓐ las estudió
   Ⓑ se puso a correr en ellas
   Ⓒ practicó atinarle a la canasta
   Ⓓ brincó la cuerda

10. Allie murmuró *"Muchachos"* porque __________ .
   Ⓐ uno de los muchachos le quitó la pelota
   Ⓑ los muchachos querían jugar con ella
   Ⓒ uno de los muchachos se le acercó y la invitó a comer helado
   Ⓓ los muchachos empezaron a reírse cuando ella falló el tiro

11. Allie practica encestar la pelota porque quiere __________ .
   Ⓐ jugar básquetbol con su padre
   Ⓑ ver a sus amigos en el parque
   Ⓒ convertirse en una buena jugadora
   Ⓓ jugar con Dominó

Nombre ______________________________ Fecha __________

12. Julio rehúsa jugar con Allie porque __________ .

Ⓐ ella no brinca lo suficiente

Ⓑ a él le choca el básquetbol

Ⓒ es demasiado terco como para jugar con una niña

Ⓓ prefiere jugar otro día

13. ¿Por qué quiso Allie convertirse en jugadora profesional?

Ⓐ Porque le encantó el partido de Madison Square Garden.

Ⓑ Ponía atención cuando su padre comentaba del básquetbol.

Ⓒ Miraba a los niños jugar.

Ⓓ Porque ahora esa pelota era suya.

14. ¿En qué deporte se usan las palabras <u>aro</u>, <u>rebotar</u> y <u>driblar</u>?

Ⓐ voleibol

Ⓑ fútbol

Ⓒ básquetbol

Ⓓ béisbol

15. Allie le cuenta a Buddy acerca de los trofeos de su prima porque __________ .

Ⓐ tiene ganas de contarle un cuento

Ⓑ quiere comprobar que las niñas sí pueden jugar básquetbol

Ⓒ le encanta presumir sobre su prima

Ⓓ no desea hablar acerca del intercambio de su pelota

16. ¿En qué se parecen Allie y Buddy?

Ⓐ Ambos quieren ser jugadores profesionales.

Ⓑ A los dos les gusta jugar voleibol.

Ⓒ Los dos son buenos para brincar la cuerda.

Ⓓ Ambos juegan deportes que otros dicen que no deberían jugar.

Nombre ______________________ Fecha __________

17. Cuando Allie falla un tiro, Buddy le dice: "No te preocupes, Allie", para __________ .

Ⓐ hacerle una broma
Ⓑ animarla
Ⓒ burlarse de ella
Ⓓ que ella se ponga nerviosa

18. Al final del cuento, Allie hace una canasta perfecta porque __________ .

Ⓐ lo intenta varias veces
Ⓑ tiene buena suerte
Ⓒ juega con una pelota más pequeña
Ⓓ su padre la ayuda

19. ¿Buddy cree que su pelota de voleibol vale más que la pelota de básquetbol de Allie? ¿O cree que tiene menos valor? Explica tu respuesta.

____

____

____

____

20. ¿Qué es lo que le encantó a Allie del partido de Madison Square Garden?

____

____

____

____

Nombre ______________________________ Fecha ____________

Los Juegos Olímpicos: Donde nacen los héroes

Instrucciones: Para las preguntas 1 a la 18, rellena el círculo de la respuesta correcta. Para las preguntas 19 y 20, escribe la respuesta.

Vocabulario

1. Mi hermano está leyendo acerca de una ciudad griega __________ .

Ⓐ antigua
Ⓑ anunciada
Ⓒ cansada
Ⓓ parada

2. Mis dos hermanas mayores __________ todo el tiempo.

Ⓐ compiten
Ⓑ descubren
Ⓒ vigilante
Ⓓ público

3. Papá es el __________ de la fiesta de su compañía este año.

Ⓐ estadio
Ⓑ zapato
Ⓒ anfitrión
Ⓓ discurso

4. Jugamos nuestros partidos en el nuevo __________ .

Ⓐ detalle
Ⓑ estadio
Ⓒ lanzamiento
Ⓓ parado

5. Nuestro equipo de fútbol siempre gana la __________ .

Ⓐ medalla
Ⓑ casa
Ⓒ respuesta
Ⓓ canasta

6. Los __________ nos aplaudieron mucho.

Ⓐ tiros
Ⓑ perros
Ⓒ entrenadores
Ⓓ cuentos

Nombre ______________________ Fecha __________

7. La ________ fue antes del partido.
   Ⓐ antorcha
   Ⓑ capitana
   Ⓒ ceremonia
   Ⓓ carretera

8. El corredor brasileño rompió el ________ mundial en la tercera carrera.
   Ⓐ frasco
   Ⓑ récord
   Ⓒ registro
   Ⓓ hotel

Comprensión

9. Esta selección de no ficción es como ________ .
   Ⓐ un artículo de revista
   Ⓑ una narrativa personal
   Ⓒ biografía
   Ⓓ fantasía

10. Los primeros Juegos Olímpicos fueron en ________ .
   Ⓐ Francia
   Ⓑ Grecia
   Ⓒ Australia
   Ⓓ Los Estados Unidos

11. ¿En qué se distinguen las competencias de natación ahora de cómo fueron originalmente en los primeros juegos modernos?
   Ⓐ Sólo los hombres pueden participar.
   Ⓑ Se permiten solamente cuatro eventos de natación.
   Ⓒ En los primeros juegos, los nadadores competían con una brazada.
   Ⓓ Los nadadores de las primeras Olimpiadas eran famosos.

Nombre ______________________________ Fecha __________

12. Los Juegos Olímpicos siempre empiezan con ________ .

Ⓐ el corredor que lleva la antorcha
Ⓑ la ceremonia de las naciones
Ⓒ la bandera olímpica
Ⓓ un festival

13. Antes que los juegos comiencen, los atletas ________ .

Ⓐ cantan el himno nacional
Ⓑ hacen un juramento
Ⓒ prenden la antorcha
Ⓓ recitan un poema de Sor Juana Inés de la Cruz

14. ¿Qué representan los aros de colores de la bandera olímpica?

Ⓐ los colores de las banderas del mundo
Ⓑ los colores de las estampillas
Ⓒ las competencias
Ⓓ países europeos

15. En las primeras Olimpiadas modernas, la mayoría de los juegos eran de ________ .

Ⓐ natación y atletismo
Ⓑ atletismo
Ⓒ atletismo y natación
Ⓓ atletismo y clavados

16. Las competencias de atletismo **no** incluyen ________ .

Ⓐ la jabalina
Ⓑ carreras de media distancia
Ⓒ salto de vallas
Ⓓ carreras cortas

Nombre ______________________ Fecha ____________

17. En Sydney, ¿cuál nadador fue el ganador de dorso?

Ⓐ Lenny Krayzelburg

Ⓑ Mark Spitz

Ⓒ Michael Johnson

Ⓓ Johnny Weissmuller

18. ¿Qué deporte fue añadido recientemente a los Juegos Olímpicos?

Ⓐ patinaje sobre hielo

Ⓑ patinaje al aire libre

Ⓒ fútbol

Ⓓ ballet

19. ¿Qué prometen los atletas cuando hacen el juramento olímpico?

____

____

____

____

____

____

20. ¿Cuál sería un buen lema para todos los jugadores olímpicos?

____

____

____

____

____

____

Nombre ______________________ Fecha __________

Bahía de tortugas

Instrucciones: Para las preguntas 1 a la 18, rellena el círculo de la respuesta correcta. Para las preguntas 19 y 20, escribe la respuesta.

Vocabulario

1. Mis primas se van a __________ al Caribe en las vacaciones.

Ⓐ dormir
Ⓑ bucear
Ⓒ recorrer
Ⓓ pintarse

2. Aprendimos mucho del viejito porque era un __________ .

Ⓐ chistoso
Ⓑ vigilante
Ⓒ sabio
Ⓓ equivocado

3. Dejé un __________ con la madre de Jack para que me llame cuando llegue a casa.

Ⓐ mensaje
Ⓑ anuncio
Ⓒ momento
Ⓓ ladrido

4. Ron esperó __________ hasta que llegaran sus amigos.

Ⓐ atentamente
Ⓑ claramente
Ⓒ seguramente
Ⓓ pacientemente

5. Limpiamos los __________ de la gente en la playa.

Ⓐ completos
Ⓑ desperdicios
Ⓒ árboles
Ⓓ cangrejos

6. Juan es muy __________ cuando aprende a pescar.

Ⓐ impaciente
Ⓑ seco
Ⓒ completo
Ⓓ alto

Nombre ______________________ Fecha __________

Comprensión

7. Esta selección sucede con seguridad en ________ .

Ⓐ el pasado Ⓑ el presente

Ⓒ el futuro Ⓓ un cuento de hadas

8. Los secretos de Jiro-San son de ________ .

Ⓐ su familia Ⓑ su escuela

Ⓒ la naturaleza Ⓓ el envejecimiento

9. ¿Por qué le cae bien Jiro-San a Taro?

Ⓐ Porque aprende cosas de Jiro-San.

Ⓑ Jiro-San lo hace reír.

Ⓒ Jiro-San lo deja barrer la playa.

Ⓓ Le gusta subirse a la lancha de Jiro-San.

10. En este cuento, un ballenato es ________ .

Ⓐ una tortuga pequeña

Ⓑ una ballena bebé

Ⓒ un delfín pequeño

Ⓓ una estrella de mar

11. Jiro-San dice que las tortugas son "amigas viejas" porque ________ .

Ⓐ las tortugas se ven viejas, con arrugas en la cara y en las patas

Ⓑ algunas tortugas han sido sus mascotas por mucho tiempo

Ⓒ las ha visto poner huevos desde hace años

Ⓓ las tortugas son muy cariñosas con él

Nombre ______________________________ Fecha __________

12. ¿Cuál de los siguientes enunciados demuestra que Juan es paciente?

Ⓐ Barre la playa.

Ⓑ Dice que todos los peces son sus amigos.

Ⓒ En la playa, espera cuatro noches a que lleguen las tortugas.

Ⓓ Rema a una bahía secreta para observar las tortugas.

13. ¿En dónde pone sus huevos una tortuga?

Ⓐ Los pone debajo de las rocas.

Ⓑ Escarba un hoyo en la arena.

Ⓒ Halla un agujero en la arena para sus huevos.

Ⓓ Los pone encima de la arena en la playa.

14. Jiro-San barre la playa porque quiere __________ .

Ⓐ escarbar hoyos para las tortugas

Ⓑ limpiar y darles seguridad a las tortugas

Ⓒ coleccionar rocas y caracoles de mar

Ⓓ crear montañas de arena

15. Cuando las viejas amigas de Juan llegan a la playa, ¿qué ocurre primero?

Ⓐ Todas las tortugas ponen huevos.

Ⓑ Las tortugas se quedan en el agua hasta que toda la gente se vaya.

Ⓒ Algunas tortugas escarban sus hoyos.

Ⓓ Una tortuga se asegura de que la playa esté segura.

16. El autor escribió este cuento para __________ .

Ⓐ describir la Bahía de tortugas

Ⓑ contar cómo es vivir cerca de una playa

Ⓒ informar sobre las tortugas

Ⓓ explicar cómo se limpia una playa

Nombre ______________________________ Fecha __________

17. ¿Qué palabra describe a Taro muy bien?

Ⓐ raro

Ⓑ astuto

Ⓒ tímido

Ⓓ curioso

18. Según Juan, primero se acerca a la playa una tortuga y pone sus huevos porque __________ .

Ⓐ esa tortuga se asegura de que la playa esté segura para las demás

Ⓑ esa tortuga nada más rápido que las demás

Ⓒ Jiro-San no ha terminado de limpiar los desperdicios

Ⓓ los niños hacen ruido

19. Para describir a una tortuga, ¿con qué la comparó el autor?

____

____

____

____

____

20. ¿En qué se parecen las tortugas a Juan?

____

____

____

____

____

Nombre ______________________________ Fecha __________

Balto, el perro que salvó a Nome

Instrucciones: Para las preguntas 1 a la 18, rellena el círculo de la respuesta correcta. Para las preguntas 19 y 20, escribe la respuesta.

Vocabulario

1. Ya no hay __________ en ese pueblo.
- Ⓐ temperatura
- Ⓑ tortugas
- Ⓒ telégrafos
- Ⓓ decorados

2. El primer concursante __________ a los demás por el sendero.
- Ⓐ entrenaba
- Ⓑ se comía
- Ⓒ guiaba
- Ⓓ sobrevivió

3. En Europa estalló una __________ llamada la Peste Negra.
- Ⓐ epidemia
- Ⓑ ola
- Ⓒ canasta
- Ⓓ nieve

4. La __________ bajó como treinta grados.
- Ⓐ luna
- Ⓑ temperatura
- Ⓒ telaraña
- Ⓓ distancia

5. Le sacaron todas las __________ al carpintero.
- Ⓐ medallas
- Ⓑ frutas
- Ⓒ astillas
- Ⓓ cartas

6. El perro siguió el mismo __________ a casa.
- Ⓐ camino
- Ⓑ olfato
- Ⓒ hueso
- Ⓓ viento

Nombre ______________________________ Fecha __________

Comprensión

7. Al principio del cuento, ¿cuál es el problema en Nome?

Ⓐ Mucha gente se enferma de difteria.

Ⓑ Nome queda a 880 millas de Anchorage.

Ⓒ La gente se está muriendo de gripe.

Ⓓ La líneas telefónicas están descompuestas.

8. Las siguientes razones hacen difícil que las medicinas lleguen a Nome, **excepto** __________ .

Ⓐ el mar está congelado, por lo tanto los barcos no llegan

Ⓑ los aviones no aterrizan con esos vientos

Ⓒ los trenes no cruzan la nieve

Ⓓ los equipos de perros pueden cruzar por la tormenta

9. Para Kasson, ¿en qué fue diferente a otros este recorrido con los perros?

Ⓐ Fue por un camino más largo.

Ⓑ Balto tuvo que guiar a Kasson y a los perros.

Ⓒ Kasson no había hecho un recorrido a Nome antes.

Ⓓ El camino estaba justo encima de un mar de hielo.

10. En este cuento, masa es __________ .

Ⓐ la comida fría de los perros

Ⓑ el mandato de los perros para que tiren el trineo

Ⓒ la combinación de nieve y agua congelada

Ⓓ la comida caliente de Kasson

Nombre ______________________________ Fecha ____________

11. ¿Con qué comparó el autor el movimiento del mar de hielo?
Ⓐ con el disparo de una pistola
Ⓑ la uniformidad del vidrio
Ⓒ subir y bajar una montaña rusa
Ⓓ las teclas de un telégrafo

12. Al cruzar el mar de hielo, el tope del hielo fue el peor tramo porque __________ .
Ⓐ los perros se deslizaron y patinaron
Ⓑ los perros se lastimaron las patas
Ⓒ el trineo se volteaba a cada rato
Ⓓ Kasson no tenía visibilidad en la nieve

13. ¿Qué fue ese ruido explosivo?
Ⓐ El mar de hielo se partió.
Ⓑ Alguien disparó un arma.
Ⓒ Una rama congelada se partió en el viento.
Ⓓ Un corredor rompió su trineo.

14. ¿Cómo demostró Balto que era inteligente?
Ⓐ por llegar al pueblo de Safety en catorce horas
Ⓑ al salvar a Gunnar Kasson en la nieve congelante
Ⓒ por desviarse del lugar donde se partía el mar de hielo
Ⓓ al llevar al equipo de doctores hasta el tren de rescate

15. ¿Por qué el recorrido fue más largo de lo que anticipaba Kasson?
Ⓐ El aeropuerto estaba cerrado.
Ⓑ El equipo no llegó hasta el pueblo de Safety.
Ⓒ Balto no pudo encontrar el camino correcto.
Ⓓ El equipo tuvo que rodear las capas de nieve.

Nombre ______________________________ Fecha __________

16. Balto era un gran guía porque ________ .

Ⓐ era grande y rápido

Ⓑ era amistoso y seguro de sí mismo

Ⓒ estaba domesticado y era fuerte

Ⓓ estaba calmado y tenía determinación

17. ¿Por qué agitó la cabeza Kasson cuando la gente le agradeció?

Ⓐ Quería que la gente le agradeciera a Balto, no a él.

Ⓑ Quería curarle las patas a Balto.

Ⓒ Sacudía la nieve de su cabeza.

Ⓓ Temblaba de frío.

18. En la ciudad de New York hay una estatua de Balto porque ________ .

Ⓐ él había nacido allí

Ⓑ Balto confiaba en la gente

Ⓒ era un perro muy bello

Ⓓ era un perro muy valiente

19. ¿Por qué podían llevar medicinas a Nome solamente en trineo de perros?

____

____

____

20. ¿Por qué Balto es diferente de otros perros que son mitad esquimales, mitad lobos?

____

____

____

Nombre ______________________________ Fecha __________

Las fotos salvajes son mi vida

Instrucciones: Para las preguntas 1 a la 18, rellena el círculo de la respuesta correcta. Para las preguntas 19 y 20, escribe la respuesta.

Vocabulario

1. Ya no hay __________ en ese pueblo.

- Ⓐ caricaturas
- Ⓑ respuestas
- Ⓒ tortugas
- Ⓓ criaturas

2. Tenía __________ de saber más sobre la vida del mar.

- Ⓐ frío
- Ⓑ curiosidad
- Ⓒ conocimientos
- Ⓓ sobrevivió

3. Cuidado con el espejo, es muy __________ .

- Ⓐ delicado
- Ⓑ derecho
- Ⓒ romper
- Ⓓ accidente

4. Las plantas __________ pueden crecer junto al océano.

- Ⓐ medallas
- Ⓑ marinas
- Ⓒ modernas
- Ⓓ nucleares

5. El estaño es un metal muy __________ .

- Ⓐ jugoso
- Ⓑ equivocado
- Ⓒ resistente
- Ⓓ negro

6. Algunas bacterias __________ las temperaturas altas.

- Ⓐ bailan
- Ⓑ sobrevivieron
- Ⓒ recorren
- Ⓓ andan

Nombre ______________________________ Fecha __________

Comprensión

7. Esta selección informativa es parecida a __________ .

Ⓐ un artículo de revista
Ⓑ un libro de texto
Ⓒ un cuento de hadas
Ⓓ una biografía

8. La autora de esta selección creció en __________ .

Ⓐ los Estados Unidos
Ⓑ la Antártica
Ⓒ Europa
Ⓓ las islas Galápagos

9. Como adulta, la autora puede tomar buenas fotos porque __________ .

Ⓐ espera a que los animales se acostumbren a ella
Ⓑ viaja por todo el mundo
Ⓒ les da de comer a los animales
Ⓓ ella tiene una cámara excelente

10. La autora se apresuró a tomarle fotos a los pingüinos porque __________ .

Ⓐ la cría estaba llena de plumas
Ⓑ la cría estaba dormida
Ⓒ los padres estaban por irse de allí
Ⓓ los padres les daban de comer a sus crías

11. ¿En qué se distingue la iguana marina de Galápagos de otros lagartos?

Ⓐ Parece un dragón.
Ⓑ Sus garras están afiladas.
Ⓒ Come en el océano.
Ⓓ Las espinas están en su espalda.

Nombre ______________________________ Fecha __________

12. La autora pudo tomar una foto de la iguana porque __________ .

Ⓐ mantuvo su cámara afuera del agua

Ⓑ puso su cámara adentro de un estuche a prueba de agua

Ⓒ su cámara era a prueba de agua

Ⓓ cubrió la cámara con una máscara

13. Según la opinión de Tui De Roy, ¿cómo puede ser una foto emocionante?

Ⓐ Cuando los animales tienen plumas.

Ⓑ Si las fotos son de las islas.

Ⓒ Si los animales que salen en las fotos son raros.

Ⓓ Que los animales hagan sus propias cosas y no hagan caso de lo demás.

14. ¿Por qué se peleaban los elefantes marinos machos?

Ⓐ Se peleaban por la comida.

Ⓑ Era su forma de jugar.

Ⓒ Cada uno quería estar a cargo de la playa.

Ⓓ Uno se enojó cuando el otro se cayó encima de él.

15. Según Tui De Roy ¿cómo era tomar las fotos de las focas elefante?

Ⓐ fácil

Ⓑ peligroso

Ⓒ chistoso

Ⓓ aburrido

16. En este artículo, las fotos salvajes son __________ .

Ⓐ fotografías

Ⓑ escándalos

Ⓒ animales que no son domésticos

Ⓓ aparatos que sacan la imagen de algo

Nombre ______________________ Fecha __________

17. ¿Qué palabra describe mejor a la autora?

Ⓐ mandona
Ⓑ insoportable
Ⓒ astuta
Ⓓ curiosa

18. Los animales de esta selección forman parte del grupo de animales que __________ .

Ⓐ saben nadar
Ⓑ tienen escamas
Ⓒ tienen cuatro patas
Ⓓ viven junto al mar

19. ¿Cuándo empezó De Roy a tomar fotos de animales?

____

____

____

____

____

____

____

20. Nombra tres tipos de aves que fotografió la autora.

____

____

____

____

____

____

____

Nombre ______________________________ Fecha __________

Peque Gruñón y el huevo gigante

Instrucciones: Para las preguntas 1 a la 18, rellena el círculo de la respuesta correcta. Para las preguntas 19 y 20, escribe la respuesta.

Vocabulario

1. Las mujeres de esa __________ jamás cocinan.
- Ⓐ camada
- Ⓑ tribu
- Ⓒ tarea
- Ⓓ comida

2. Los murciélagos viven en una __________ húmeda.
- Ⓐ cueva
- Ⓑ estufa
- Ⓒ marina
- Ⓓ ballena

3. Me hubiera gustado tener un dinosaurio __________ .
- Ⓐ alimentado
- Ⓑ enderezado
- Ⓒ domesticado
- Ⓓ ballenato

4. Esa planta te va a causar __________ .
- Ⓐ alergia
- Ⓑ rama
- Ⓒ cicatriz
- Ⓓ erupción

5. La __________ caliente se derrama de los volcanes.
- Ⓐ herramienta
- Ⓑ pista
- Ⓒ tubería
- Ⓓ lava

6. Nosotros __________ al gatito mientras los bomberos apagaban el incendio.
- Ⓐ entrenamos
- Ⓑ corregimos
- Ⓒ salvamos
- Ⓓ adoptamos

Nombre ______________________ Fecha __________

Comprensión

7. Este cuento es __________ .

   Ⓐ un cuento infantil
   Ⓑ una fantasía
   Ⓒ un misterio
   Ⓓ una adivinanza

8. ¿Cómo se lleva Peque Gruñón el huevo a casa?

   Ⓐ Lo carga en su espalda.
   Ⓑ Lo lanza por el monte.
   Ⓒ Le pide a su familia que lo ayude a cargarlo.
   Ⓓ Hace un tapete para tirarlo.

9. Cuando llega con el gran huevo a la cueva, todos se ponen __________ .

   Ⓐ enojados
   Ⓑ nerviosos
   Ⓒ emocionados
   Ⓓ tristes

10. Mamá Gruñona piensa que el huevo es tan grande que mejor __________ .

    Ⓐ cocina una tortilla de huevo
    Ⓑ invita a muchos más a almorzar
    Ⓒ rompe el huevo
    Ⓓ lo abandona

11. ¿Cómo llega a la cueva el dinosaurio bebé?

    Ⓐ Entra caminando.
    Ⓑ Nace cuando se rompe el cascarón del huevo.
    Ⓒ Jefe Gruñón Cabeza de Roca lo captura.
    Ⓓ Lo trae la tribu Ugga-Wugga.

Nombre ______________________ Fecha __________

12. Es un problema que Jorge sea la mascota porque ________ .
Ⓐ estornuda todo el tiempo Ⓑ muerde
Ⓒ hace ruidos muy fuertes Ⓓ crece demasiado

13. ¿Cómo demuestra Peque Gruñón que extraña a Jorge?
Ⓐ Lo busca en el pantano.
Ⓑ Se encuentra con él sin decirle a nadie.
Ⓒ Sueña con él y lo dibuja.
Ⓓ Habla de él todo el tiempo.

14. ¿Por qué tiembla la cueva?
Ⓐ Un volcán hace erupción.
Ⓑ Es un terremoto.
Ⓒ Jorge se mueve mucho.
Ⓓ Pasa una tormenta.

15. Abue Gruñona quiere que Peque se quede con el dinosaurio porque ________ .
Ⓐ Mamá Gruñona va a servir panquecitos
Ⓑ va a ser un juego divertido
Ⓒ piensa que los niños necesitan tener una mascota
Ⓓ ese dinosaurio es tierno

16. El Jefe Gruñón Cabeza de Roca renuncia porque ________ .
Ⓐ Papá Gruñón le pide que deje su trabajo
Ⓑ le toca a alguien más ser el jefe
Ⓒ está cansado de ser el jefe
Ⓓ no sabe cómo ayudarlos a escapar.

Nombre _______________ Fecha _______

17. El autor quería mostrar que Jorge salva a los Gruñón rápidamente. ¿Con qué comparó la velocidad de Jorge?

Ⓐ con la lava que brota del volcán
Ⓑ con la longitud del cuello de Jorge
Ⓒ con las de los *tiranosaurio rex*
Ⓓ con la altura del humo que sale del volcán

18. ¿Qué aprende la familia Gruñón al final del cuento?

Ⓐ Los animales son más fuertes que los humanos.
Ⓑ Los humanos son más inteligentes que los animales.
Ⓒ La gente y los animales pueden ayudarse mutuamente.
Ⓓ Los animales necesitan del cuidado de los humanos.

19. ¿Crees que este cuento es real o trata de gente y cosas imaginarias? Explica cómo lo sabes.

____

____

____

____

____

20. ¿Por qué cambian el nombre del dinosaurio a Georgina?

____

____

____

____

____

Nombre ______________________________ Fecha __________

Rosie, la historia de una perra visitadora

Instrucciones: Para las preguntas 1 a la 18, rellena el círculo de la respuesta correcta. Para las preguntas 19 y 20, escribe la respuesta.

Vocabulario

1. "¡No toques eso!", dijo papá con una voz __________ .

Ⓐ bajita
Ⓑ firme
Ⓒ de ópera
Ⓓ cómica

2. No debes __________ en un perro callejero.

Ⓐ confiar
Ⓑ colgar
Ⓒ confundir
Ⓓ contar

3. Es importante __________ a un nuevo hogar.

Ⓐ acostumbrarse
Ⓑ elevarse
Ⓒ meterse
Ⓓ encontrar

4. Después de __________ la camioneta, salimos disparados hacia la playa.

Ⓐ mirar
Ⓑ estornudar
Ⓒ manejar
Ⓓ equipar

5. Se levantó __________, muy orgullosa de haber ganado.

Ⓐ cansada
Ⓑ despistada
Ⓒ erguida
Ⓓ anonadada

6. Vimos un __________ de ballenas anoche.

Ⓐ serie
Ⓑ estofado
Ⓒ capítulo
Ⓓ programa

Nombre ______________________________ Fecha __________

7. Salimos rápido para llegar a una ________ .

Ⓐ campaña
Ⓑ cueva
Ⓒ lección
Ⓓ cita

Comprensión

8. Algo que hace diferente a Rosie de otros perros es que ________ .

Ⓐ le encanta atrapar la pelota
Ⓑ ella es una perra que trabaja
Ⓒ ella quiere a todo el mundo
Ⓓ está entrenada para obedecer

9. Un "perro que visita" es un perro que ________ .

Ⓐ debe animar a la gente
Ⓑ visita escuelas
Ⓒ siempre es cariñoso y gentil
Ⓓ visita a la gente del barrio

10. Cuando era cachorra, Rosie no era una buena "perra visitadora" porque era ________ .

Ⓐ demasiado joven
Ⓑ poco amistosa y nada gentil
Ⓒ demasiado traviesa e intranquila
Ⓓ floja

11. Rosie aprende primero a convertirse en "perro que visita" en ________ .

Ⓐ un jardín de perros
Ⓑ la casa de su dueño
Ⓒ los asilos de ancianos
Ⓓ el hospital infantil

Nombre ______________________________ Fecha ____________

12. Cuando dice en el cuento: "Rosie siempre tenía un buen sentido", significa que __________ .

Ⓐ era inteligente
Ⓑ comprendía bien a toda clase de gente
Ⓒ aprendió las lecciones rápidamente
Ⓓ podía tomar las decisiones por sí sola

13. Según la selección, ¿cuáles dos cosas tienen en común los "perros visitadores"?

Ⓐ Son cariñosos y les gusta trabajar.
Ⓑ Son de dos mezclas de razas.
Ⓒ Son inteligentes y obedientes.
Ⓓ Les encanta la gente y les gusta jugar.

14. ¿Cómo prepara la autora a Rosie para su trabajo?

Ⓐ Es estricta y firme con ella.
Ⓑ Juega con ella y la hace que juegue con otros perros.
Ⓒ Le enseña a que sea amistosa y a que salte encima de la gente.
Ⓓ Permite que los niños le tiren el pelo a Rosie.

15. Rosie aprende varios mandatos para que __________ .

Ⓐ sepa comportarse bien con distinta gente
Ⓑ pueda probar que es inteligente para ese trabajo
Ⓒ pueda probar que ha sido entrenada
Ⓓ comprenda varias lenguas

16. Rosie se acerca a la gente después que le dicen __________ .

Ⓐ "¡No tocar!" Ⓑ "Bien, ¡adelante!"
Ⓒ "Ve a decir hola" Ⓓ "Alcánzame si puedes"

Nombre ______________________________ Fecha __________

17. En el hospital infantil, ¿cómo ayuda Rosie a Alexander?

Ⓐ Se asegura de que tome su medicina.

Ⓑ Juega con él cuando Alexander tiene que estar solo.

Ⓒ Lo acompaña mientras llora.

Ⓓ Lo ayuda a comer para que se alivie pronto.

18. En el asilo de ancianos, ¿qué hace Bill gracias a Rosie?

Ⓐ se ríe

Ⓑ habla

Ⓒ abraza

Ⓓ llora

19. ¿Cómo es el uniforme de Rosie?

____

____

____

____

____

____

20. ¿Qué razón principal tiene la dueña de Rosie para creer que es buena para el trabajo?

____

____

____

____

____

____

Nombre ______________________________ Fecha __________

Los cuentos de Julián

Instrucciones: Para las preguntas 1 a la 18, rellena el círculo de la respuesta correcta. Para las preguntas 19 y 20, escribe la respuesta.

Vocabulario

1. Tuvieron mucho cuidado con el nido durante las __________ .

- Ⓐ mudanzas
- Ⓑ alergias
- Ⓒ manzanas
- Ⓓ devoluciones

2. El papalote __________ el techo de la casa.

- Ⓐ sobrepuso
- Ⓑ quiso
- Ⓒ sobrepasó
- Ⓓ ayudó

3. El __________ de Octavio era blanco por la leche.

- Ⓐ tirante
- Ⓑ bigote
- Ⓒ binocular
- Ⓓ mensaje

4. Estudió con __________ para el examen.

- Ⓐ seriedad
- Ⓑ competencia
- Ⓒ asistente
- Ⓓ reprobado

5. Cuando vi que había mucho viento, __________ el cordón del papalote a una rama.

- Ⓐ bailé
- Ⓑ busqué
- Ⓒ torcí
- Ⓓ até

6. Mi madre tiene una __________ de tazas españolas.

- Ⓐ competencia
- Ⓑ carrera
- Ⓒ colación
- Ⓓ colección

Nombre ______________________ Fecha __________

Comprensión

7. ¿Cómo cambia Julián después de conocer a Gloria?
Ⓐ Deja de tener amigos.
Ⓑ Está seguro de que una niña puede ser su amiga.
Ⓒ Sólo quiere que los varones sean sus amigos.
Ⓓ Se pone a jugar con niños más pequeños.

8. ¿Cómo se siente Julián cuando se cae al hacer la maroma?
Ⓐ le da vergüenza
Ⓑ le duele todo
Ⓒ se pone furioso
Ⓓ está bien

9. Gloria le explica a Julián que se requiere práctica para dar una maroma porque __________ .
Ⓐ le gusta presumir
Ⓑ no quiere lastimarlo
Ⓒ quiere enseñarle a hacerlo
Ⓓ se burla de él

10. ¿En qué se distingue el nuevo pueblo de Gloria de Newport?
Ⓐ Newport está junto al mar, donde hay muchas aves.
Ⓑ Hay petirrojos en Newport y en el nuevo pueblo.
Ⓒ Newport es una ciudad grande, y el pueblo está en el campo.
Ⓓ Ambos lugares son casi idénticos.

11. Los padres petirrojos no quieren que Gloria se acerque al nido porque __________ .
Ⓐ tienen miedo de que Gloria dañe los huevos
Ⓑ no quieren que Gloria vea las criaturas
Ⓒ no soportan a Gloria
Ⓓ les da susto que Gloria dañe las crías

Nombre ______________________________ Fecha __________

12. Julián invita a Gloria a su casa porque es__________ .
- Ⓐ mandón
- Ⓑ astuto
- Ⓒ terco
- Ⓓ amistoso

13. ¿De qué se ríe Gloria en casa de Julián?
- Ⓐ La madre de los petirrojos hace ruido.
- Ⓑ El papalote es gracioso.
- Ⓒ Tienen los bigotes del refresco de fresa.
- Ⓓ La manera en que Julián se sube a un árbol.

14. ¿Por qué Julián y Gloria pasan el rato juntos?
- Ⓐ Cada uno quiere tener un amigo.
- Ⓑ Tienen los mismos deseos.
- Ⓒ Los dos acaban de llegar a ese barrio.
- Ⓓ Ambos tienen hermanos más pequeños.

15. Los deseos forman parte del papalote cuando Julián y Gloria los __________ .
- Ⓐ escriben en el papalote
- Ⓑ atan con nudos a la cola
- Ⓒ pegan al cordón del papalote
- Ⓓ dicen en voz alta mientras el papalote vuela

16. ¿Cómo es la cola del papalote?
- Ⓐ como una serpiente blanca y larga
- Ⓑ como un pájaro cansado
- Ⓒ con una mancha negra diminuta
- Ⓓ como las banderas de un avión

Nombre ______________________ Fecha __________

17. Gloria no le cuenta cuáles son sus deseos a Julián porque ________ .

Ⓐ se le olvidan sus deseos
Ⓑ cree que Julián se va a reír
Ⓒ quiere que sus deseos se hagan realidad
Ⓓ le gusta tener secretos

18. ¿Qué palabra describe mejor a Gloria?

Ⓐ tímida
Ⓑ egoísta
Ⓒ orgullosa
Ⓓ seria

19. ¿Qué usan Julián y Gloria para hacer el papalote?

____

____

____

____

____

20. ¿Cómo saben Julián y Gloria que sus deseos se van a convertir en realidad?

____

____

____

____

____

Nombre ______________________________ Fecha ____________

El espectáculo de talentos

Instrucciones: Para las preguntas 1 a la 18, rellena el círculo de la respuesta correcta. Para las preguntas 19 y 20, escribe la respuesta.

Vocabulario

1. Vamos a diario al __________ a jugar básquetbol.

Ⓐ gimnasio
Ⓑ camión
Ⓒ acto
Ⓓ departamento

2. Lucía y yo queremos __________ en un concurso de talento.

Ⓐ investigar
Ⓑ enviar
Ⓒ participar
Ⓓ deslizar

3. Espero que mis amigos __________ nadar.

Ⓐ practiquen
Ⓑ prefieran
Ⓒ entrenen
Ⓓ recorran

4. Vas a __________ de tus vacaciones en la nieve.

Ⓐ disfrutar
Ⓑ molestarte
Ⓒ inventar
Ⓓ disfrazar

5. Un sonido __________ me distrajo cuando hice una maroma.

Ⓐ andante
Ⓑ nebuloso
Ⓒ memorizado
Ⓓ tintineante

6. En el mar hay __________ de peces.

Ⓐ caza
Ⓑ millones
Ⓒ lápices
Ⓓ deseos

Nombre ______________________________ Fecha ____________

7. Todos los lunes __________ un poema.

Ⓐ participamos
Ⓑ preferimos
Ⓒ recitamos
Ⓓ acostumbramos

Comprensión

8. Esta selección es ficción realista porque __________ .

Ⓐ sucede en un lugar fantástico
Ⓑ el suceso es imaginado
Ⓒ los personajes y los sucesos pueden ocurrir
Ⓓ el cuento sucedió hace mucho tiempo

9. ¿Quién cuenta la historia?

Ⓐ la Srta. Babbitt
Ⓑ Rebeca
Ⓒ Carol Ann
Ⓓ Los niños y las niñas

10. Cuando la Srta. Babbitt lleva puestos los aretes de la cara sonriente, significa que __________ .

Ⓐ no va a suceder nada
Ⓑ está contenta
Ⓒ algo especial va a ocurrir
Ⓓ es viernes

11. ¿Por qué quiere la Srta. Babbitt tener un espectáculo de talentos?

Ⓐ como diversión
Ⓑ para ganarse un premio
Ⓒ para obtener una buena calificación
Ⓓ para hacer una función fenomenal

Nombre ______________________ Fecha __________

12. ¿Qué quiere presentar Carol Ann con Rebeca?

Ⓐ una canción

Ⓑ un chiste

Ⓒ un baile

Ⓓ un poema

13. ¿Por qué quiere ser Carol Ann la "abeja reina"?

Ⓐ Porque tiene el pelo rizado.

Ⓑ Siempre ha querido ser reina.

Ⓒ Su mamá le dijo que lo fuera.

Ⓓ Rebeca se lo pidió.

14. ¿Quién decide cómo deben ser los disfraces de Carol Ann y Rebeca?

Ⓐ la Srta. Babbitt

Ⓑ Rebeca

Ⓒ la mamá de Carol Ann

Ⓓ Carol Ann

15. ¿Por qué razón acepta Rebeca participar con Carol Ann?

Ⓐ Rebeca le tiene miedo.

Ⓑ Carol Ann es su mejor amiga.

Ⓒ Rebeca sabe que a la Srta. Babbitt le cae bien Carol Ann.

Ⓓ Rebeca prefiere hacerlo con ella.

16. ¿Qué cree Carol Ann que va a ocurrir durante su presentación?

Ⓐ Se va a olvidar de sus líneas.

Ⓑ Rebeca va a arruinar todo.

Ⓒ No le va a gustar a la Srta. Babbitt.

Ⓓ Toda la clase se va a reír de ellos.

Nombre ______________________________ Fecha __________

17. ¿Qué le sugiere la madre de Rebeca que haga durante la presentación?

Ⓐ unas volteretas
Ⓑ un poema diferente
Ⓒ nuevas canciones
Ⓓ una pieza de ballet

18. El padre de Rebeca la lleva a mirar las estrellas porque quiere que __________ .

Ⓐ ella las cuente
Ⓑ ella aprenda todo acerca de los planetas
Ⓒ ella las disfrute
Ⓓ ella le diga todos los nombres de todas las constelaciones

19. ¿Cómo compara las estrellas con el espectáculo de talentos el padre de Rebeca?

____

____

____

____

____

20. ¿Qué lección importante aprende Rebeca sobre sí misma y su relación con sus amigos?

____

____

____

____

Nombre ______________________________ Fecha __________

Un halcón en el jardín central

Instrucciones: Para las preguntas 1 a la 18, rellena el círculo de la respuesta correcta. Para las preguntas 19 y 20, escribe la respuesta.

Vocabulario

1. El __________ de la extrema derecha atrapó la pelota.

Ⓐ árbitro Ⓑ lanzador
Ⓒ receptor Ⓓ jardinero

2. El __________ es un pájaro veloz.

Ⓐ guante Ⓑ halcón
Ⓒ bate Ⓓ entrenador

3. ¡Por fin los Orioles __________ a los White Sox!

Ⓐ derrotan Ⓑ molestan
Ⓒ sobrepasan Ⓓ inventan

4. No tengo la __________ de ser tan hermosa.

Ⓐ cosa Ⓑ culpa
Ⓒ base Ⓓ cuadra

5. Los equipos __________ cuando el marcador es el mismo.

Ⓐ piensan Ⓑ pierden
Ⓒ empatan Ⓓ ganan

6. Uno no puede __________ cuando hay ruido.

Ⓐ concentrarse
Ⓑ contarse
Ⓒ detenerse
Ⓓ colarse

Nombre ______________________________ Fecha ____________

Comprensión

7. En esta selección, casi toda la acción ocurre en __________ .

Ⓐ un campo de béisbol
Ⓑ el patio de José
Ⓒ el nuevo estadio
Ⓓ en el patio de la escuela

8. Ha sido duro para los Méndez desde que __________ .

Ⓐ José no puede pegarle a la pelota
Ⓑ el Sr. Méndez perdió su trabajo
Ⓒ Carmen juega mejor que su hermano
Ⓓ se murió la Sra. Méndez

9. ¿Por qué es importante para José anotar más de un punto en el partido?

Ⓐ Cree que eso va a hacer feliz a su padre.
Ⓑ Le tiene miedo al entrenador.
Ⓒ Quiere sobrepasar a su hermana.
Ⓓ Quiere que sus compañeros lo admiren.

10. En este cuento, a la *pelota* le dicen __________ .

Ⓐ bate　　Ⓑ guante
Ⓒ blanco esférico　　Ⓓ círculo

11. ¿Qué siente José cuando lo sacan del partido?

Ⓐ Cree que su equipo se va a enojar.
Ⓑ Está feliz de que su padre no vea eso.
Ⓒ Debió haber practicado más.
Ⓓ Considera dejar de jugar.

Nombre ______________________ Fecha __________

12. ¿Qué animal veloz se compara con José?
- Ⓐ un águila
- Ⓑ una pantera
- Ⓒ una ballena
- Ⓓ una gacela

13. ¿Cómo rompen el empate?
- Ⓐ Una bola baja se desliza entre las piernas de T.V.
- Ⓑ José hace un jonron.
- Ⓒ Los Bulls pierden.
- Ⓓ A José se le cae la pelota.

14. ¿En qué piensa José cuando dice: "Nadie es perfecto"?
- Ⓐ en ganar y perder
- Ⓑ en las entradas
- Ⓒ en su promedio de bateo
- Ⓓ en Carmen

15. ¿Cómo cree José que va a hacer feliz a su padre después de su desilusión?
- Ⓐ si atrapa las curvas
- Ⓑ si mejora su promedio de bateo
- Ⓒ si ayuda al entrenador
- Ⓓ si se une a las ligas menores

16. ¿Qué decepciona al padre de José?
- Ⓐ que empeore el promedio de bateo de José
- Ⓑ que José invente excusas
- Ⓒ que José no vaya a practicar
- Ⓓ que José vaya en contra de los deseos de su padre

Nombre ______________________________ Fecha __________

17. ¿Qué hacía Carmen esa tarde?

Ⓐ entrenaba mascotas
Ⓑ vitoreaba al equipo de José
Ⓒ anotaba carreras
Ⓓ cuidaba niños

18. El padre de José quiere que su hijo se olvide de cómo le pegó a la pelota porque __________ .

Ⓐ José es más hábil como jardinero en el extremo del campo
Ⓑ nadie va a ser igual de bueno como José
Ⓒ José es malísimo jugando béisbol
Ⓓ quiere que José sea el lanzador

19. ¿Qué significa que el padre de José diga que sus hijos son "astillas del mismo palo"?

____

____

____

____

____

20. ¿Qué es lo que más le importa a José al final del cuento?

____

____

____

____

____

Nombre ______________________________ Fecha __________

¡Viva Ramona!

Instrucciones: Para las preguntas 1 a la 18, rellena el círculo de la respuesta correcta. Para las preguntas 19 y 20, escribe la respuesta.

Vocabulario

1. Max se asomó al __________ cuando toqué a la puerta.
- Ⓐ cuadro
- Ⓑ timbre
- Ⓒ vestíbulo
- Ⓓ barco

2. Es un __________ que su padre se haya aliviado.
- Ⓐ consuelo
- Ⓑ bochorno
- Ⓒ robo
- Ⓓ terco

3. Los doctores saben cuáles enfermedades son __________ .
- Ⓐ divertidas
- Ⓑ contagiosas
- Ⓒ entretenidas
- Ⓓ inventadas

4. El Dr. Morales me entregó una __________ con el nombre de la medicina.
- Ⓐ receta
- Ⓑ colección
- Ⓒ culpa
- Ⓓ cita

5. Estuve un poco __________ porque no vi petirrojos.
- Ⓐ destapada
- Ⓑ elevada
- Ⓒ contenta
- Ⓓ desilusionada

6. No pongas __________ a lo que dicen porque no tienen razón.
- Ⓐ participación
- Ⓑ expresión
- Ⓒ atención
- Ⓓ revisión

Nombre ______________________________ Fecha ____________

7. El tren llegó __________ a la estación.
   Ⓐ inseparablemente
   Ⓑ infernal
   Ⓒ inesperadamente
   Ⓓ insensiblemente

Comprensión

8. ¿Cómo se pone Ramona cuando su madre se va al hospital?
   Ⓐ preocupada
   Ⓑ contenta
   Ⓒ triste
   Ⓓ enojada

9. Justo después que la Sra. Quimby se fue al hospital, las niñas decidieron __________ .
   Ⓐ ver la tele
   Ⓑ lavar los platos sucios
   Ⓒ irse a dormir
   Ⓓ comerse la ensalada de atún que sobró

10. Este cuento sucede en __________ .
   Ⓐ Alaska
   Ⓑ Florida
   Ⓒ Canadá
   Ⓓ Oregón

11. ¿Cuál es el nombre de pila del Sr. Quimby?
   Ⓐ Ricardo
   Ⓑ Alberto
   Ⓒ Roberto
   Ⓓ Ronaldo

12. El quinto Quimby es __________ .
   Ⓐ el nuevo bebé
   Ⓑ Ramona
   Ⓒ tía Beatriz
   Ⓓ Bea

Nombre ______________________________ Fecha ____________

13. El corazón de Ramona late fuerte en el hospital porque ella __________ .

Ⓐ está asustada
Ⓑ tiene calor
Ⓒ está contenta
Ⓓ está emocionada

14. ¿Por qué se siente mal Ramona cuando espera en el vestíbulo?

Ⓐ El elevador bajó muy rápido.
Ⓑ Cree que tiene los gérmenes que mencionó la enfermera.
Ⓒ Tiene fiebre.
Ⓓ Ya tiene los gérmenes del sofá.

15. En este cuento, la palabra "hermana" es __________ .

Ⓐ una enfermedad de la garganta
Ⓑ un hospital
Ⓒ un pariente cercano
Ⓓ un bebé

16. El Sr. Quimby abraza y besa a Ramona porque __________ .

Ⓐ ella está muy enferma
Ⓑ es valiente por esperar sola
Ⓒ ella necesita atención
Ⓓ una señora la asustó

17. ¿A quién se parece Roberta, según la Sra. Quimby?

Ⓐ a la foto de un bebé en la portada de una revista
Ⓑ a Ramona cuando ella era bebé
Ⓒ al Sr. Quimby cuando él era bebé
Ⓓ a todos los bebés porque son todos igualitos

Nombre ______________________________ Fecha ____________

18. Ramona está de acuerdo con que es "maravillosa" porque __________ .

Ⓐ le gustan los juegos de palabras
Ⓑ está contenta de haber crecido tanto
Ⓒ aprende a peinarse el cabello
Ⓓ está contenta de que su madre esté en casa

19. ¿Cuáles son las cosas hermosas que su madre le dice a Ramona en el hospital?

____

____

____

____

____

____

____

20. ¿Cómo es diferente Roberta al bebé de la portada de *Un nombre para su bebé*?

____

____

____

____

____

____

____

Nombre ______________________ Fecha __________

Los dichos que compartimos

Instrucciones: Para las preguntas 1 a la 18, rellena el círculo de la respuesta correcta. Para las preguntas 19 y 20, escribe la respuesta.

Vocabulario

1. Mi abuela tiene ideas modernas para ser una persona de otra __________ .

Ⓐ manipulación
Ⓑ presentación
Ⓒ generación
Ⓓ inflamación

2. Si trabajas con __________, vas a alcanzar tu meta.

Ⓐ desgano
Ⓑ consuelo
Ⓒ empeño
Ⓓ flojera

3. El barrio estaba __________ con farolitos verdes que tintineaban.

Ⓐ iluminado
Ⓑ explicado
Ⓒ brillante
Ⓓ elevado

4. Con __________ se acercó un conejito a nuestro patio.

Ⓐ suspiro
Ⓑ suspicacia
Ⓒ suspensión
Ⓓ subir

5. Kim es mi amigo sabio. Él es __________ en sus decisiones.

Ⓐ fingió
Ⓑ firme
Ⓒ asistente
Ⓓ fiel

6. El Sr. Mireles es __________ porque no tropezó.

Ⓐ afortunado
Ⓑ terco
Ⓒ malo
Ⓓ tonto

Nombre ______________________ Fecha __________

Comprensión

7. Según la selección, aprendes mucho de la vida por medio de los __________ .
   Ⓐ personajes de libros
   Ⓑ hermanos y hermanas
   Ⓒ mayores
   Ⓓ maestros y entrenadores

8. Otro nombre para "dichos comunes" es __________ .
   Ⓐ proverbios
   Ⓑ rimas
   Ⓒ fábulas
   Ⓓ cuentos de hadas

9. Las tradiciones orales pueden ser cuentos o dichos que diferentes culturas __________ .
   Ⓐ usan para enseñar su arte a los pequeños
   Ⓑ dicen en días festivos
   Ⓒ hacen para que los jóvenes los memoricen
   Ⓓ pasan de generación en generación

10. Los proverbios de varios lugares pueden usar distintas palabras, pero muchas __________ son las mismas.
   Ⓐ ideas
   Ⓑ locaciones
   Ⓒ oraciones
   Ⓓ canciones

11. ¿Qué dicho americano es similar al vietnamita que dice: "Aún con dos manos, uno no puede pescar dos peces a la vez"?
   Ⓐ El silencio es como oro.
   Ⓑ Un día como hoy vale miles de días como mañana.
   Ⓒ El que mucho abarca, poco aprieta.
   Ⓓ Como camina un cangrejo, así caminan sus hijos.

Nombre ______________________________ Fecha ____________

12. La moraleja de un cuento es la __________ que el cuento enseña.

Ⓐ generación
Ⓑ expresión
Ⓒ lección
Ⓓ tradición

13. Arnold Lobel usa el cuento del gallo para enseñar que para llegar a tener éxito, debes __________ .

Ⓐ caerte primero
Ⓑ gritar con fuerzas
Ⓒ ser adulto
Ⓓ broncearte bajo el sol

14. ¿Qué significa "El que se acuesta con perros se levanta con pulgas"?

Ⓐ Un gato dormido no atrapa una rata.
Ⓑ Dime con quién te juntas y te diré quién eres.
Ⓒ Los perros buscan a sus mascotas, las pulgas.
Ⓓ Es difícil criar a una familia de pulgas.

15. La ratoncita floja se muere de hambre porque __________ .

Ⓐ no entiende cómo debe recoger los frijoles
Ⓑ no pidió ayuda a tiempo
Ⓒ estaba jugando cuando debía trabajar
Ⓓ tenía dificultades para encontrar piel de serpiente en la noche

16. "Con calma y tenacidad" es la moraleja de la fábula __________ .

Ⓐ "El conejo y la tortuga"
Ⓑ "Una fábula americana"
Ⓒ "Una fábula francesa"
Ⓓ "Los dos ratones"

Nombre ______________________________ Fecha ____________

17. Esopo escribió sus fábulas ________ .

Ⓐ en la época moderna
Ⓑ hace 2,000 años
Ⓒ acerca del futuro
Ⓓ en español

18. Esta selección es muy similar a ________ .

Ⓐ la entrada de un diario
Ⓑ un artículo de revista
Ⓒ las noticias
Ⓓ una biografía

19. ¿En qué se parecen las fábulas y los proverbios?

____

____

____

____

____

____

20. En la fábula francesa, ¿en qué se distinguen el perro y el lobo?

____

____

____

____

____